法律法规案例注释版系列

中华人民共和国
妇女权益保障法

案例注释版

第五版

中国法制出版社
CHINA LEGAL PUBLISHING HOUSE

图书在版编目（CIP）数据

中华人民共和国妇女权益保障法：案例注释版 / 中国法制出版社编．—北京：中国法制出版社，2022.11
（法律法规案例注释版系列；21）
ISBN 978-7-5216-3065-7

Ⅰ．①中… Ⅱ．①中… Ⅲ．①妇女权益保障法-案例-中国 Ⅳ．①D922.75

中国版本图书馆 CIP 数据核字（2022）第 206712 号

策划编辑：谢雯　　责任编辑：吕静云　　封面设计：蒋怡　杨鑫宇

中华人民共和国妇女权益保障法：案例注释版

ZHONGHUA RENMIN GONGHEGUO FUNÜ QUANYI BAOZHANGFA：ANLI ZHUSHIBAN

经销/新华书店
印刷/北京海纳百川印刷有限公司
开本/850 毫米×1168 毫米　32 开　　印张/ 5.25　字数/ 144 千
版次/2022 年 11 月第 1 版　　2022 年 11 月第 1 次印刷

中国法制出版社出版
书号 ISBN 978-7-5216-3065-7　　定价：23.00 元

北京市西城区西便门西里甲 16 号西便门办公区
邮政编码：100053　　传真：010-63141600
网址：http：//www.zgfzs.com　　**编辑部电话：010-63141802**
市场营销部电话：010-63141612　　**印务部电话：010-63141606**

（如有印装质量问题，请与本社印务部联系。）

第五版说明

“法律的生命不在于逻辑，而在于经验。”我国各级人民法院作出的生效裁判是审判经验的结晶，是法律适用在社会生活中真实、具体而生动的表现，是连接抽象法律与现实纠纷的桥梁。因此，了解和适用法律最好的办法，就是阅读、参考已发生并裁判生效的真实案例。从广大读者学法用法以及法官、律师等司法实务人员工作的实际需要出发，我们组织编写了这套“法律法规案例注释版系列”。该丛书侧重“以案释法”，期冀通过案例注释法条的方法，将法律条文与真实判例相结合，帮助读者准确理解与适用法律条文，并领会法律制度的内在精神。

丛书最大的特点是：

第一，专业性。

丛书所编选案例的原始资料来源于各级人民法院已经审结并发生法律效力的裁判，从阐释法律规定的需要出发，加工整理而成。案例来源主要包括但不限于：最高人民法院、最高人民检察院公布的指导案例；各级人民法院和人民检察院总结编撰并发布的供本辖区人民法院、人民检察院办案参阅、参考的典型案例。对于没有相关真实案例的重点法条，则从全国人大常委会法工委等立法部门对条文的专业解读中提炼条文注释。

第二，示范性。

裁判案例是法院依法对特定主体之间在特定时间、地点发生的法律纠纷作出的裁判，其本身具有真实性、指导性和示范性的特点。丛书选择的案例紧扣法律条文规定，对于读者有很强的参考借鉴价值。

第三，实用性。

每本书都由专业人士撰写主体法的适用提示，以帮助读者对该法有整体的了解。丛书设置“相关案例索引”栏目，列举更多的相关案例，归纳出案件要点，以期通过相关的案例，进一步发现、领会和把握法律规则、原则，从而作为解决实际问题的参考，做到举一反三。此外，我们还在主体法律文件之后收录重要配套法律文件，以及相应的法律流程图表、文书等内容，方便读者查找和使用。

希望本丛书能够成为广大读者学习、理解和运用法律的得力帮手！

目　录

中华人民共和国妇女权益保障法

第一章　总　　则

第二章　政治权利

第三章　人身和人格权益

第四章　文化教育权益

第五章　劳动和社会保障权益

第六章 财产权益

第七章 婚姻家庭权益

第八章　救济措施

第九章　法律责任

第十章 附 则

附录一 相关法律法规

附录二 常用文书范本

适用提示

《妇女权益保障法》于1992年由七届全国人大五次会议通过，此后经过了2005年的全面修订、2018年的个别调整。该法实施以来，有力促进了妇女在各方面权益保障水平的提高，推动了男女平等基本国策深入人心。

同时，不可否认，妇女权益保障领域存在的一些老问题尚未得到根本解决，而随着经济社会发展还出现了一些新情况、新问题。为了进一步优化促进男女平等的基础性制度设计，完善保障内容，提升保障水平，为妇女全面发展营造环境、扫清障碍、创造条件。国家对《妇女权益保障法》再一次进行全面修订。新修订的《妇女权益保障法》于2022年10月30日正式通过。

2022年《妇女权益保障法》进行了全面、系统的修订，主要涉及四个方面。第一，全面贯彻落实男女平等基本国策，不断丰富妇女权益保障制度内容。第二，在落实全面保障基础上，根据新时代妇女工作特点和妇女事业发展要求强化特殊保护。第三，完善政府相关保障措施，强化妇联等有关方面的保障职责。第四，倡导全社会尊重和关爱妇女，鼓励和支持妇女自强。

修订《妇女权益保障法》对于完善妇女权益保障制度体系具有重要意义，2022年修订后《妇女权益保障法》的主要内容包括：

一、总体性制度机制

新修订的《妇女权益保障法》对总体性制度机制进行了完善。在立法目的中增加促进妇女全面发展、弘扬社会主义核心价值观；规定国家采取必要措施，促进男女平等，消除对妇女一切形式的歧视，禁止排斥、限制妇女依法享有和行使各项权益。

二、政治权利保障

新修订的《妇女权益保障法》规定国家采取措施支持女性人才成长，明确妇女联合会代表妇女积极参与国家和社会事务的民主协商、民主决策、民主管理和民主监督。

三、人身和人格权益保障

新修订的《妇女权益保障法》强调妇女的人格尊严不受侵犯，强调禁止进行非医学需要的胎儿性别鉴定和选择性别的人工终止妊娠，规定医疗机构施行有关医疗活动时应当尊重妇女本人意愿。

四、文化教育权益保障

新修订的《妇女权益保障法》完善保障适龄女性未成年人接受并完成义务教育的制度机制；规定政府采取措施保障女性平等享有接受中高等教育的权利和机会；规定国家健全终身学习体系，为妇女终身学习创造条件。

五、劳动和社会保障权益

新修订的《妇女权益保障法》明确就业性别歧视的具体情形，将就业性别歧视纳入劳动保障监察范围；规定用人单位女职工权益保障相关责任，明确劳动（聘用）合同或者服务协议中应当包含女职工权益保护相关内容；规定国家建立健全职工生育休假制度，明确用人单位对女职工的生育保障义务。

六、财产权益保障

新修订的《妇女权益保障法》规定妇女在农村集体经济组织成员身份确认、不动产登记、征收或者征用补偿等方面的权利；规定村民自治章程、村规民约以及涉及村民利益事项的决定，不得侵害妇女在农村集体经济组织中的权益。

七、婚姻家庭权益保障

新修订的《妇女权益保障法》规定国家鼓励婚前体检，明确婚姻登记机关应当提供婚姻家庭辅导服务；规定妇女对夫妻共同财产享有要求记载其姓名等权利；规定离婚诉讼期间共同财产查询、离婚时家务劳动经济补偿等制度。

八、救济措施

新修订的《妇女权益保障法》增加一章关于“救济措施”的规定。规定人民政府负责妇女工作的机构、妇女联合会可以督促有关部门或者单位依法查处侵害妇女权益的行为；规定用人单位侵害妇女劳动和社会保障权益的，人力资源和社会保障部门可以联合工会、妇女联合会约谈用人单位；规定妇女在农村集体经济组织成员身份确认等方面权益受到侵害时的救济措施，明确乡镇人民政府对村民自治章程、村规民约以及涉及村民利益事项的决定进行指导监督；规定妇女权益保障公益诉讼、支持起诉等制度。

九、法律责任

新修订的《妇女权益保障法》就违反有关报告义务、预防和制止性骚扰义务、消除就业性别歧视等义务的行为规定相应的法律责任。

中华人民共和国妇女权益保障法

（1992年4月3日第七届全国人民代表大会第五次会议通过　根据2005年8月28日第十届全国人民代表大会常务委员会第十七次会议《关于修改〈中华人民共和国妇女权益保障法〉的决定》第一次修正　根据2018年10月26日第十三届全国人民代表大会常务委员会第六次会议《关于修改〈中华人民共和国野生动物保护法〉等十五部法律的决定》第二次修正　2022年10月30日第十三届全国人民代表大会常务委员会第三十七次会议修订　2022年10月30日中华人民共和国主席令第122号公布　自2023年1月1日起施行）

目　　录

第一章　总　　则

第一条　【立法目的】[①] 为了保障妇女的合法权益，促进男女平等和妇女全面发展，充分发挥妇女在全面建设社会主义现代化国家中的作用，弘扬社会主义核心价值观，根据宪法，制定本法。

● ***相关规定***

《中国妇女发展纲要（2021—2030年）》；《国家人权行动计划（2021-2025年）》

第二条　【男女平等与妇女依法特殊保护】 男女平等是国家的基本国策。妇女在政治的、经济的、文化的、社会的和家庭的生活等各方面享有同男子平等的权利。

国家采取必要措施，促进男女平等，消除对妇女一切形式的歧视，禁止排斥、限制妇女依法享有和行使各项权益。

国家保护妇女依法享有的特殊权益。

● ***条文释义***

本条对"歧视妇女"的含义进行了阐释，充实了《宪法》[②] 原则性规定的内涵，对于法律没有明定的事项，本条规定可成为裁判的依据。

● ***相关规定***

《宪法》第48条；《妇女权益保障法》第49条

① 条文主旨为编者所加，下同。

② 本书法律文件使用简称，以下不再标注。

第三条　【妇女权益保障工作领导和工作机制】 坚持中国共产党对妇女权益保障工作的领导，建立政府主导、各方协同、社会参与的保障妇女权益工作机制。

各级人民政府应当重视和加强妇女权益的保障工作。

县级以上人民政府负责妇女儿童工作的机构，负责组织、协调、指导、督促有关部门做好妇女权益的保障工作。

县级以上人民政府有关部门在各自的职责范围内做好妇女权益的保障工作。

● ***条文释义***

本条第 1、3 款为新增条款。本条第 1 款为新增规定，通过立法确立了中国共产党在妇女权益保障工作中的领导地位，将党的主张转化为法律规定，并在党的统一领导下建立起保障妇女权益工作机制，是 2022 年修订的一大亮点。

第四条　【保障妇女合法权益】 保障妇女的合法权益是全社会的共同责任。国家机关、社会团体、企业事业单位、基层群众性自治组织以及其他组织和个人，应当依法保障妇女的权益。

国家采取有效措施，为妇女依法行使权利提供必要的条件。

第五条　【妇女发展纲要和规划】 国务院制定和组织实施中国妇女发展纲要，将其纳入国民经济和社会发展规划，保障和促进妇女在各领域的全面发展。

县级以上地方各级人民政府根据中国妇女发展纲要，制定和组织实施本行政区域的妇女发展规划，将其纳入国民经济和社会发展规划。

县级以上人民政府应当将妇女权益保障所需经费列入本级预算。

● *条文释义*

本条将制定中国妇女发展纲要和地方妇女发展规划作为国务院和地方各级人民政府的一项法定义务，从而保证政府通过制定和实施妇女纲要实现法律赋予妇女的各项权利。

● *相关规定*

《中国妇女发展纲要（2021—2030年）》

第六条　【妇联等群团组织应做好维护妇女权益工作】中华全国妇女联合会和地方各级妇女联合会依照法律和中华全国妇女联合会章程，代表和维护各族各界妇女的利益，做好维护妇女权益、促进男女平等和妇女全面发展的工作。

工会、共产主义青年团、残疾人联合会等群团组织应当在各自的工作范围内，做好维护妇女权益的工作。

● *条文释义*

本条第1款新增了“做好维护妇女权益……的工作”的内容，进一步明确了现阶段妇联的职责。

● *相关规定*

《工会法》第23、39条；《中华全国妇女联合会章程》

第七条　【国家鼓励妇女维护合法权益】国家鼓励妇女自尊、自信、自立、自强，运用法律维护自身合法权益。

妇女应当遵守国家法律，尊重社会公德、职业道德和家庭美德，履行法律所规定的义务。

● *条文释义*

本条为新增规定。《妇女权益保障法》在保障妇女各项合法权益的同时，也对妇女自身提出了要求，即要树立“四自”精神，要学法、知法、懂法、守法。

第八条　【立法应当听取妇联意见，考虑妇女特殊权益】 有关机关制定或者修改涉及妇女权益的法律、法规、规章和其他规范性文件，应当听取妇女联合会的意见，充分考虑妇女的特殊权益，必要时开展男女平等评估。

● ***条文释义***

本条为新增规定，总结提升地方政府维护妇女权益的成熟做法，将中国特色的男女平等评估机制上升为法律规定，扩大了男女平等评估机制的适用层面，扩展至对国家法律、法规、规章和其他规范性文件的制定与修改。

第九条　【妇女发展状况统计调查制度】 国家建立健全妇女发展状况统计调查制度，完善性别统计监测指标体系，定期开展妇女发展状况和权益保障统计调查和分析，发布有关信息。

● ***条文释义***

本条为新增规定，确立了性别统计调查制度。要求相关机构完善性别统计监测指标体系，定期发布有关信息，有利于强化国家和相关部门在妇女权益保障方面的责任，同时从源头上消除妇女歧视，促进男女性别平等。

第十条　【男女平等基本国策纳入国民教育体系】 国家将男女平等基本国策纳入国民教育体系，开展宣传教育，增强全社会的男女平等意识，培育尊重和关爱妇女的社会风尚。

第十一条　【表彰和奖励】 国家对保障妇女合法权益成绩显著的组织和个人，按照有关规定给予表彰和奖励。

● ***条文释义***

为了在全社会树立尊重妇女，维护妇女合法权益光荣，侵害妇女合法权益可耻的社会主义道德风尚，不仅要严肃处理那些侵害者，而且要鼓励那些坚持原则、坚决制止歧视、残害妇女行为的组织和个人。各级人民政府和有关部门，应该对保障妇女合法权益成绩显著者给予表彰和奖励。

第二章　政治权利

第十二条　【保障妇女平等的政治权利】 国家保障妇女享有与男子平等的政治权利。

● ***条文释义***

本条主要包含两方面含义：一方面，国家保障妇女享有与男子平等的政治权利，意味着国家确认妇女与男子平等地享有法律赋予公民的政治民主权利。另一方面，国家保障妇女享有与男子平等的政治权利，意味着国家须采取措施，为广大妇女行使自己的政治权利、参政议政提供必要的保障。

● ***相关规定***

《宪法》第 48 条

第十三条　【参与国家和社会管理，提出意见和建议权】 妇女有权通过各种途径和形式，依法参与管理国家事务、管理经济和文化事业、管理社会事务。

妇女和妇女组织有权向各级国家机关提出妇女权益保障方面的意见和建议。

第十四条　【平等的选举权和被选举权】妇女享有与男子平等的选举权和被选举权。

全国人民代表大会和地方各级人民代表大会的代表中，应当保证有适当数量的妇女代表。国家采取措施，逐步提高全国人民代表大会和地方各级人民代表大会的妇女代表的比例。

居民委员会、村民委员会成员中，应当保证有适当数量的妇女成员。

● ***相关规定***

《宪法》第 34 条；《全国人民代表大会和地方各级人民代表大会选举法》第 7 条；《村民委员会组织法》第 6 条

第十五条　【女干部的培养和选拔】国家积极培养和选拔女干部，重视培养和选拔少数民族女干部。

国家机关、群团组织、企业事业单位培养、选拔和任用干部，应当坚持男女平等的原则，并有适当数量的妇女担任领导成员。

妇女联合会及其团体会员，可以向国家机关、群团组织、企业事业单位推荐女干部。

国家采取措施支持女性人才成长。

● ***条文释义***

本条第 4 款为新增规定，明确了国家在女干部的培养和选拔中发挥的作用。

● ***相关规定***

《宪法》第 49 条

第十六条　【妇联的职责】妇女联合会代表妇女积极参与国家和社会事务的民主协商、民主决策、民主管理和民主监督。

第十七条　【对涉及妇女权益的批评建议、申诉、控告和检举的处理】对于有关妇女权益保障工作的批评或者合理可行的建议，有关部门应当听取和采纳；对于有关侵害妇女权益的申诉、控告和检举，有关部门应当查清事实，负责处理，任何组织和个人不得压制或者打击报复。

第三章　人身和人格权益

第十八条　【保障妇女平等的人身和人格权益】国家保障妇女享有与男子平等的人身和人格权益。

● ***条文释义***

本条将"人身权利"修改为"人身和人格权益"，扩大了妇女权益的保障范围，丰富了保障内容。

● ***相关规定***

《宪法》第33、48条

第十九条　【妇女人身自由不受侵犯】妇女的人身自由不受侵犯。禁止非法拘禁和以其他非法手段剥夺或者限制妇女的人身自由；禁止非法搜查妇女的身体。

● ***相关规定***

《宪法》第37条；《民法典》第1011条；《刑法》第238、245条；《治安管理处罚法》第40条

第二十条　【妇女人格尊严不受侵犯】妇女的人格尊严不受侵犯。禁止用侮辱、诽谤等方式损害妇女的人格尊严。

● *相关规定*

《宪法》第38条；《民法典》第991、995条；《刑法》第246条

第二十一条　【妇女生命权、身体权、健康权不受侵犯】 妇女的生命权、身体权、健康权不受侵犯。禁止虐待、遗弃、残害、买卖以及其他侵害女性生命健康权益的行为。

禁止进行非医学需要的胎儿性别鉴定和选择性别的人工终止妊娠。

医疗机构施行生育手术、特殊检查或者特殊治疗时，应当征得妇女本人同意；在妇女与其家属或者关系人意见不一致时，应当尊重妇女本人意愿。

● *条文释义*

本条第2、3款为新增规定，充分尊重妇女对自己身体和健康的自主权，尊重孕产妇本人意愿。

● *相关规定*

《民法典》第1002～1004条；《刑法》第260、261、289条；《治安管理处罚法》第43条；《人口与计划生育法》第39条；《母婴保健法》第19、32条；《反家庭暴力法》

第二十二条　【禁止拐卖、绑架妇女及发现报告和解救】 禁止拐卖、绑架妇女；禁止收买被拐卖、绑架的妇女；禁止阻碍解救被拐卖、绑架的妇女。

各级人民政府和公安、民政、人力资源和社会保障、卫生健康等部门及村民委员会、居民委员会按照各自的职责及时发现报告，并采取措施解救被拐卖、绑架的妇女，做好被解救妇女的安置、救助和关爱等工作。妇女联合会协助和配合做好有关工作。任何组织和个人不得歧视被拐卖、绑架的妇女。

● **条文释义**

本条增加了相关部门对被拐卖、绑架妇女发现报告责任。拐卖、绑架妇女是严重侵害妇女权益，为我国法律所严格禁止、严厉打击的犯罪行为。本条对相关部门的职责作出规定，贯彻了反拐工作方针，推进了集预防、打击、救助、安置、康复于一体的反拐工作长效机制的法治化，有利于有效预防和惩治拐卖、绑架妇女的犯罪，切实保障妇女的人身安全。

案例 1

欺骗妇女被迫成为他人妻子，应受法律制裁（重庆二中法院发布5起打击拐卖妇女儿童典型案例之四）①

2001年3月底，被告邱某与覃某（已判决）商量后，决定将急于寻找工作的被害人钟某（女）拐卖。邱某通过他人联系后，决定将钟某卖给熊某为妻。后邱某、覃某以进厂为名将钟某骗出，随后又以无钱作路费为由欺骗钟某去给熊某为妻，并向钟某提供了虚假的地址、电话号码，以进一步骗取钟某的信任。同年4月6日晚上，邱某、覃某将钟某带至熊某家中，双方谈成以4000元的价格将钟某卖给熊某。次日下午，钟某趁机逃出熊某家并向公安机关报案，后覃某被民警抓获，邱某潜逃。公安局于2002年4月1日对邱某上网追逃。2021年9月19日，被告人邱某被民警抓获，后如实供述了自己的主要犯罪事实。

法院认为，被告人邱某以出卖为目的，伙同他人拐卖妇女，其行为已构成拐卖妇女罪。根据邱某在共同犯罪中的作用以及具有坦白情节，依照《刑法》有关规定，以拐卖妇女罪判处被告人邱某有期徒刑六年，并处罚金，追缴违法所得，上缴国库。

综上所述，为了一己私利而将妇女当作商品进行贩卖，这是罔顾道德，藐视法律的犯罪行为。法院对于这种与社会主义核心价值观背道而驰的犯罪行为，依法严厉打击，以实际行动切实维护公民合法的人身权利。

---

① 载重庆法院网，http://cqgy.cqfygzfw.gov.cn/article/detail/2022/06/id/6720371.shtml，2022年10月28日访问，以下不再标注。

案例 2

严厉打击拐卖存在精神障碍的妇女的行为（重庆二中法院发布5起打击拐卖妇女儿童典型案例之五）

被告人卢某甲、卢某乙系堂兄弟关系。2013年年初，卢某乙在外务工时认识了已婚的被害人刘某（女）。其间，卢某甲联系卢某乙，让其在外物色一个女人带回“找婆家”卖钱。2013年6月，卢某乙以外出打工挣钱为由，将被害人刘某骗至某乡镇交给卢某甲。卢某甲第一次出卖刘某未果后，二人将刘某带到罗某家，以35000元的价格将刘某卖给罗某的儿子敖某（系聋哑人）为妻，卢某甲、卢某乙随即将35000元瓜分。经精神卫生中心鉴定，刘某患轻度精神发育迟滞，具有限制性防卫能力。

法院认为，卢某乙以打工挣钱为由，将轻度精神发育迟滞并具有限制性防卫能力的被害人刘某拐骗至云阳后，伙同卢某甲以介绍婚姻为名，将被害人出卖给他人为妻，从中非法获利，其行为构成拐卖妇女罪。根据二人在共同犯罪中的不同作用以及卢某乙具有坦白情节，依照《刑法》有关规定，以拐卖妇女罪，判处卢某甲有期徒刑五年六个月，并处罚金；判处卢某乙有期徒刑五年，并处罚金；没收违法所得，上缴国库。

综上所述，无论公民身体、精神状况如何，其合法权利都一律平等地受我国法律保护。法院对于拐卖妇女特别是针对弱势群体的犯罪行为，坚持严的主基调，对此类违法行为进行严厉打击，以实际行动保护弱势妇女群体的合法权利。

● ***相关规定***

《刑法》第240~242、416条；《全国人民代表大会常务委员会关于严惩拐卖、绑架妇女、儿童的犯罪分子的决定》

第二十三条　【禁止对妇女实施性骚扰】禁止违背妇女意愿，以言语、文字、图像、肢体行为等方式对其实施性骚扰。

受害妇女可以向有关单位和国家机关投诉。接到投诉的有关单位和国家机关应当及时处理，并书面告知处理结果。

受害妇女可以向公安机关报案，也可以向人民法院提起民事诉讼，依法请求行为人承担民事责任。

● *条文释义*

本条完善了对性骚扰的规制，解决了性骚扰“认定难”问题。本条第1款以列举的方式明确性骚扰的主要表现形式，便于识别和界定。本条第3款为新增内容，完善了对性骚扰受害人的救济渠道。

案例 3

临时起意进行猥亵获刑（江苏省女法官协会、江苏省妇联联合发布8起依法维护妇女权益典型案例之八）①

某日凌晨，陆某骑电动车在马路上行驶，见一年轻女性独自拦出租车。陆某停车询问中发现该女性处于醉酒状态，酒后丢失手机，遂趁其借打其手机时强行亲吻、搂抱等，后被他人发现喝止后逃跑。检察机关以陆某犯强制猥亵罪提起公诉。

法院认为，陆某以暴力或其他方式强制猥亵他人，其行为已构成强制猥亵罪，判处有期徒刑二年六个月。

综上所述，猥亵行为是生活中较常见的性侵犯罪行为，但社会危害性并不小。临时起意施行猥亵，性质恶劣，不但严重侵害被害人的人身权利，而且有违良好的社会风尚。法院应全面考察证据，综合考虑双方所处境地，对被告人行为科以刑罚，严厉打击性侵类犯罪。

● *相关规定*

《民法典》第1010条；《刑法》第237条；《治安管理处罚法》第42条；《最高人民检察院、教育部、公安部关于建立教职员工准入查询性侵违法犯罪信息制度的意见》

第二十四条　【学校应建立预防和处置女学生受性侵害、性骚扰工作制度】学校应当根据女学生的年龄阶段，进行生理卫生、心理健康和自我保护教育，在教育、管理、设施等方面采取措施，提高其防范性侵害、性骚扰的自我保护意识和能力，保障女学生的人身安全和身心健康发展。

---

① 载江苏法院网，http://www.jsfy.gov.cn/article/91673.html，2022年10月28日访问，以下不再标注。

学校应当建立有效预防和科学处置性侵害、性骚扰的工作制度。对性侵害、性骚扰女学生的违法犯罪行为，学校不得隐瞒，应当及时通知受害未成年女学生的父母或者其他监护人，向公安机关、教育行政部门报告，并配合相关部门依法处理。

对遭受性侵害、性骚扰的女学生，学校、公安机关、教育行政部门等相关单位和人员应当保护其隐私和个人信息，并提供必要的保护措施。

● ***相关规定***

《民法典》第1010条；《未成年人保护法》第40、54条

第二十五条　【用人单位预防和制止对妇女性骚扰的措施】 用人单位应当采取下列措施预防和制止对妇女的性骚扰：

（一）制定禁止性骚扰的规章制度；

（二）明确负责机构或者人员；

（三）开展预防和制止性骚扰的教育培训活动；

（四）采取必要的安全保卫措施；

（五）设置投诉电话、信箱等，畅通投诉渠道；

（六）建立和完善调查处置程序，及时处置纠纷并保护当事人隐私和个人信息；

（七）支持、协助受害妇女依法维权，必要时为受害妇女提供心理疏导；

（八）其他合理的预防和制止性骚扰措施。

案例 4

管理人员应合理处置被性骚扰员工的投诉（最高人民法院指导案例181号）[①]

原告郑某（女）于2012年7月入职被告自动化公司，担任渠道销

① 载最高人民法院，https://www.court.gov.cn/zixun-xiangqing-364651.html，2022年10月28日访问。

售经理。自动化公司建立有工作场所性骚扰防范培训机制，郑某接受过相关培训。2018年8月30日，郑某为“疏解”任某与其上级邓某的关系而找任某谈话。任某强调邓某在对其进行性骚扰，要求与其发展男女关系，并在其拒绝后继续不停骚扰，郑某不应替邓某对其进行谈话。2018年11月，郑某以任某不合群等为由向自动化公司人事部提出与任某解除劳动合同，但未能说明解除任某劳动合同的合理依据。任某告知人事部其被邓某骚扰，因拒绝骚扰行为而受到郑某打击报复。2019年1月15日，自动化公司对郑某进行调查。2019年1月31日，自动化公司出具《单方面解除函》，以郑某未尽经理职责，在下属反映遭受间接上级骚扰后没有采取任何措施帮助下属不再继续遭受骚扰，反而对下属进行打击报复，在调查过程中就上述事实做虚假陈述为由，与郑某解除劳动合同。2019年7月22日，郑某向仲裁委员会申请仲裁，未得到仲裁裁决支持。郑某不服，诉至法院。

法院认为，第一，自动化公司建立有工作场所性骚扰防范培训机制，郑某亦接受过相关培训。自动化公司《商业行为准则》要求经理、主管等管理人员在下属提出担忧或问题时能够专业并及时帮助解决，不能进行打击报复。自动化公司2017年版《员工手册》还将违反公司《商业行为准则》的行为列入会导致立即辞退的严重违纪行为范围。郑某虽称相关女职工未提供受到骚扰的切实证据，其无法判断骚扰行为的真伪、对错，但在2018年8月30日谈话录音中，相关女职工反复强调上级一直对她进行骚扰时，未见郑某积极应对帮助解决，反而积极促成自己的下级与上级发展不正当关系。郑某的行为显然有悖其作为自动化公司部门主管应尽之职责，其相关答复内容亦有违公序良俗。此外，郑某不仅未采取积极措施，反而认为相关女职工处理不当。在任某明确表示对邓某性骚扰的抗拒后，郑某于2018年11月中旬向人事经理提出任某性格不合群，希望公司能解除与任某的劳动合同，据此自动化公司主张郑某对相关女职工进行打击报复，亦属合理推断。第二，自动化公司2017年版《员工手册》明确规定在公司内部调查中做虚假陈述的行为属于会导致立即辞退的严重违纪行为。自动化公司提供的2019年1月15日调查笔录显示郑某在调查过程中存在虚假陈述情况。该调查笔录可以作为认定郑某存在虚假陈述的判断依据。综上，自动化公司主张郑某存在严重违纪行为，依据充分，不构成违法解除劳动合同。对郑某要求自动化公司支付违法解除劳动合同赔偿金的请求，不予支持。

综上所述，用人单位的管理人员对被性骚扰员工的投诉，应采取合理措施进行处置。管理人员未采取合理措施或者存在纵容性骚扰行为、干扰对性骚扰行为调查等情形，用人单位以管理人员未尽岗位职责，严重违反规章制度为由解除劳动合同，管理人员主张解除劳动合同违法的，法院不予支持。

● ***相关规定***

《民法典》第1010条；《女职工劳动保护特别规定》第11条

第二十六条　【住宿经营者及时报告义务】住宿经营者应当及时准确登记住宿人员信息，健全住宿服务规章制度，加强安全保障措施；发现可能侵害妇女权益的违法犯罪行为，应当及时向公安机关报告。

第二十七条　【禁止卖淫、嫖娼】禁止卖淫、嫖娼；禁止组织、强迫、引诱、容留、介绍妇女卖淫或者对妇女进行猥亵活动；禁止组织、强迫、引诱、容留、介绍妇女在任何场所或者利用网络进行淫秽表演活动。

● ***相关规定***

《刑法》第237、358、359、365条；《治安管理处罚法》第44、66、67、69条

第二十八条　【妇女人格权益受法律保护】妇女的姓名权、肖像权、名誉权、荣誉权、隐私权和个人信息等人格权益受法律保护。

媒体报道涉及妇女事件应当客观、适度，不得通过夸大事实、过度渲染等方式侵害妇女的人格权益。

禁止通过大众传播媒介或者其他方式贬低损害妇女人格。未经本人同意，不得通过广告、商标、展览橱窗、报纸、期刊、图书、音像制品、电子出版物、网络等形式使用妇女肖像，但法律另有规定的除外。

案例 5

网络诽谤女子出轨自诉转公诉（最高人民检察院检例第 137 号）①

2020 年 7 月至 8 月，被告人郎某偷拍被害人谷某（女）取快递视频，并伙同被告人何某捏造谷某与他人发生不正当关系的聊天记录、视频、图片，发布在网络上，后迅速扩散到多个网络平台，引发大量点击、阅读及评论，严重影响了谷某的正常工作生活。

检察机关认为，2020 年 12 月 14 日谷某自诉被立案后，检察机关第一时间成立专案组，提前介入引导侦查并协同取证，固定关键证据。12 月 22 日，检察机关建议公安机关将本案以公诉程序立案侦查。2021 年 2 月 26 日，检察机关依法对郎某、何某以诽谤罪提起公诉。4 月 30 日，法院以诽谤罪判处被告人郎某、何某有期徒刑一年，缓刑二年。

综上所述，恶意编造侮辱女性的不雅内容，利用网络诽谤他人，不仅严重损害妇女名誉权和人格尊严，使得妇女的工作、生活和身体健康遭受极大影响，而且经网络迅速传播，给广大公众造成不安全感，严重扰乱网络社会公共秩序，影响公众对国家法治、个人安全、社会治理的信心。属于“严重危害社会秩序和国家利益”的公诉情形。对于此类案件，司法机关应主动作为，由自诉转为公诉。

案例 6

利用网络侮辱妇女被追刑责（最高人民检察院检例第 138 号）

被告人岳某与被害人张某（女）从 2014 年开始交往。其间，岳某多次拍摄张某裸露身体的照片和视频。2020 年 2 月，张某与岳某断绝交

① 载最高人民检察院，https：//www. spp. gov. cn/jczdal/202202/t20220221_545125. shtml，2022 年 11 月 10 日访问。

往。岳某为报复张某及其家人，在网上散布二人交往期间拍摄的张某的裸体照片、视频，并发送给张某的家人。上述侮辱信息在当地迅速扩散、发酵，造成恶劣社会影响。同时，岳某还多次通过电话、短信骚扰、挑衅张某的丈夫。张某倍受舆论压力，最终不堪受辱服毒身亡。7月20日，检察机关以岳某涉嫌侮辱罪对其批准逮捕。9月18日，公安机关以岳某涉嫌侮辱罪移送审查起诉。

检察机关认为，根据审查情况，要求公安机关向网络平台补充调取岳某的账号信息及发布内容，确定发布内容的浏览量，以及在当地造成的社会影响。审查后，于10月9日以岳某涉嫌侮辱罪提起公诉，并结合认罪认罚情况，对岳某提出有期徒刑二年八个月的量刑建议。法院采纳检察机关指控的犯罪事实和量刑建议，以侮辱罪判处岳某有期徒刑二年八个月。

综上所述，行为人在与被害人交往期间，获得了被害人的裸照、视频等，无论其获取行为是否合法，是否得到被害人授权，只要恶意对外散布，均应当承担相应法律责任，情节严重的，要依法追究刑事责任。

● ***相关规定***

《宪法》第39、40条；《民法典》第1014、1019、1024、1032、1034条；《刑法》第245、246、252、253、284条；《治安管理处罚法》第42条

第二十九条　【人身安全保护令】禁止以恋爱、交友为由或者在终止恋爱关系、离婚之后，纠缠、骚扰妇女，泄露、传播妇女隐私和个人信息。

妇女遭受上述侵害或者面临上述侵害现实危险的，可以向人民法院申请人身安全保护令。

● ***条文释义***

本条为新增规定，扩大了人身安全保护令的适用范围。《反家庭暴力法》未将以恋爱、交友为由或者在终止恋爱关系、离婚之后发生侵扰

行为纳入申请人身安全保护令的范围，本条规定弥补了这一立法空白，为妇女采取防卫措施保护自身安全和权益提供了法律支持。人身安全保护令是人民法院为了保护家庭暴力受害人及其子女和特定亲属的人身安全、确保婚姻案件诉讼程序的正常进行而作出的一种民事强制措施。当事人遭受家庭暴力或者面临家庭暴力现实危险时，可依照《反家庭暴力法》向人民法院申请人身安全保护令。

案例 7

依法作出人身安全保护令，保护妇女人身安全（天津法院发布5个保护妇女权益典型案例之三）[①]

原告安某（女）与被告朱某于1990年登记结婚，自2017年10月双方因家庭琐事发生矛盾，2018年8月15日双方发生肢体冲突，安某受伤后至医院就医，2019年1月朱某从家中搬离，但双方矛盾仍未有效化解，安某多次报警。2019年5月22日安某向法院申请人身安全保护令，经调解，朱某表示认识到自身错误，安某为了维系婚姻关系，自愿撤回了人身安全保护令申请。2019年6月17日安某再次向法院申请人身安全保护令，申请禁止朱某对其实施家庭暴力；禁止朱某骚扰、跟踪、接触安某，并提交了公安机关出具的指定医院就诊证明信、医院诊断证明书、照片、报警记录等作为证据。

法院认为，安某向公安机关的多次报警记录可证实双方曾多次发生纠纷，安某面临家庭暴力的现实危险，安某提交的公安机关出具的指定医院就诊证明信、医院诊断证明书、照片，可佐证二人确曾发生肢体接触，安某确曾遭受家庭暴力。鉴于安某未提供证据证实朱某存在对其跟踪的行为，且安某明确表示不同意离婚，希望继续维系婚姻关系，法院没有支持安某要求禁止朱某跟踪、接触自己的申请。

综上所述，家庭暴力不是家务事，反家暴是国家、社会和家庭共同的责任。家庭暴力主要包括身体暴力和精神暴力、性暴力或其他严重侵害人身权利的行为。《反家庭暴力法》规定的人身安全保护令是一种民

---

① 载天津法院网，https：//tjfy. tjcourt. gov. cn/article/detail/2020/03/id/4839412. shtml，2022年10月28日访问，以下不再标注。

事强制措施，是人民法院为了保护家庭暴力受害者及其近亲属的人身安全而作出的民事裁定。保护令有效期可从15天到6个月不等。受害者在遭遇家庭暴力时要敢于通过法律途径维护自己合法权益，对家庭暴力说“不”。也提示广大妇女同胞，判断是否遭遇家庭暴力还需证据“说话”。由于家庭生活的私密性以及部分申请人证据意识的淡薄，在司法实践中，很多妇女在遭遇家庭暴力时不注意保存证据，导致证据流失，家暴事实难以查明。所以，在遭遇家暴、申请人身安全保护令时一定要注意收集、保存证据，善用法律武器，维护自身权益。

案例 8

针对“离婚后家暴”发出人身安全保护令（天津市高级人民法院发布10个保护妇女合法权益典型案例之二）①

申请人康某（女）与杨某原系夫妻关系，双方于2021年4月协议离婚。杨某在婚姻关系存续期间曾多次殴打康某，离婚后仍不断打电话、发短信骚扰、威胁康某。2021年11月，杨某到康某住所殴打康某，致使其头部创伤破裂5.5厘米，并抢走手机不让其报警。同年12月，杨某又到康某工作单位殴打康某，现场其他人员目睹后报警。为避免被骚扰，康某向法院申请人身安全保护令。

法院认为，根据《反家庭暴力法》第23条规定，当事人因遭受家庭暴力或者面临家庭暴力的现实危险，向人民法院申请人身安全保护令的，人民法院应当受理；第37条规定，家庭成员以外共同生活的人之间实施的暴力行为，参照本法规定执行。杨某多次骚扰、殴打康某，康某的申请符合人身安全保护令的法定条件。故依法裁定禁止杨某对康某实施暴力行为，禁止杨某骚扰、跟踪、接触康某及其相关近亲属。

综上所述，《反家庭暴力法》禁止任何形式的家庭暴力，包括“家庭成员以外共同生活的人之间实施的暴力行为”。结合日常生活联系的紧密程度，对于监护、寄养、同居、离异等关系的人员之间发生的暴力行为，也应纳入家庭暴力范畴。

---

① 载天津法院网，https：//tjfy. tjcourt. gov. cn/article/detail/2022/03/id/6563114. shtml，2022年10月28日访问，以下不再标注。

案例 9

滥施"家规"构成家庭暴力（最高人民法院公布十起涉家庭暴力典型案例之三）①

原告陈某转（女）、被告张某强于1988年8月16日登记结婚，1989年7月9日生育女儿张某某。因经常被张某强打骂，陈某转曾于1989年起诉离婚，张某强当庭承认错误保证不再施暴后，陈某转撤诉。此后，张某强未有改变，依然要求陈某转事事服从。稍不顺从，轻则辱骂威胁，重则拳脚相加。2012年5月14日，张某强认为陈某转未将其衣服洗净，辱骂陈某转并命令其重洗。陈某转不肯，张某强即殴打陈某转。女儿张某某在阻拦过程中也被打伤。2012年5月17日，陈某转起诉离婚。

法院认为，家庭暴力是婚姻关系中一方控制另一方的手段。根据法院查明事实，张某强给陈某转规定了很多不成文家规，如所洗衣服必须让张某强满意、挨骂不许还嘴、挨打后不许告诉他人等。张某强对陈某转的控制还可见于其诉讼中的表现，如在答辩状中表示道歉并保证不再殴打陈某转，但在庭审中却对陈某转进行威胁、指责、贬损，显见其无诚意和不思悔改。遂判决准许陈某转与张某强离婚。判决前，法院依陈某转申请发出人身安全保护裁定，禁止张某强殴打、威胁、跟踪、骚扰陈某转及女儿张某某。裁定有效期六个月，经跟踪回访确认，张某强未违反。

综上所述，婚姻关系中，加害方滥施其制定的不成文家规控制受害方人身自由并实施暴力的，构成家庭暴力，受害方提出离婚且申请人身安全保护的，法院应准许双方离婚，并依受害方的申请，依法作出人身安全保护裁定，禁止加害方殴打骚扰受害方。

案例 10

诉后人身安全保护裁定制止"分手暴力"（最高人民法院公布十起涉家庭暴力典型案例之六）

申请人钟某芳（女）与被申请人陈某于2010年2月2日经法院判

---

① 载最高人民法院公报，http://gongbao.court.gov.cn/Details/a5da2b2a791db0241dae1b6ed8e579.html，2022年10月28日访问，以下不再标注。

决离婚，子女由钟某芳抚养。判决生效后，陈某拒不搬出钟某芳房屋，还限制钟某芳的人身自由和社会交往。钟某芳稍有不从，就遭其辱骂和殴打，并多次写字条威胁钟某芳。法院强制其搬离后，其仍然借探视子女为由，多次进入钟某芳家中对其实施威胁，还经常尾随、监视钟某芳的行踪，不仅使钟某芳的身体受到伤害，还使其处于极度恐惧之中。钟某芳向法院提出了人身安全保护裁定的申请。

法院认为，申请人钟某芳在离婚后仍然被前夫陈某无理纠缠，经常遭其辱骂、殴打和威胁，人身自由和社会交往仍受前夫的限制，是典型的控制型暴力行为受害者。为保护申请人的人身安全，防止“分手暴力”事件从民事案件转为刑事案件，法院裁定：禁止被申请人陈某骚扰、跟踪、威胁、殴打申请人钟某芳，或与申请人钟某芳以及未成年子女陈某某进行不受欢迎的接触；禁止被申请人陈某在距离申请人钟某芳的住所或工作场所200米内活动；被申请人陈某探视子女时应征得子女的同意，并不得到申请人的家中进行探视。该保护令的有效期为六个月。经跟踪回访，申请人此后再没有受到被申请人的侵害或骚扰。

综上所述，当事人在离婚后仍被另一方纠缠，经常遭受另一方辱骂、殴打和威胁，其人身自由和社会交往受到另一方的限制，当事人属于控制型暴力行为的受害者。在此情形下，当事人可以向法院提出人身安全保护裁定的申请，法院受理后认为当事人具有遭受家庭暴力或者面临家庭暴力现实危险情形的，应当作出人身安全保护令。

案例 11

母女二人同遭家暴，法院发出人身安全保护令（江苏省淮安市清江浦区人民法院发布8起妇女权益保护典型案例之八）①

申请人李某（女）与谢某系夫妻关系，婚后生有一女谢某某。共同生活过程中，丈夫谢某经常因生活琐事谩骂妻子李某。某日，两人发生言语冲突，为发泄情绪，谢某两次拎起4岁的女儿谢某某将其摔在地

① 载淮安市清江浦区人民法院，http://hafy.qjpfy.gov.cn/article/detail/2022/06/id/6757220.shtml，2022年10月28日访问，以下不再标注。

上，李某在保护女儿时，遭到谢某的殴打，脸部、手部、头部和腰部多处受伤。后李某报警求助，民警及时赶到现场，但谢某仍不悔改，从派出所回家后仍对李某进行殴打。李某认为谢某的行为已经严重影响到其与女儿的正常生活，故向法院提出申请，请求禁止谢某对其母女二人实施家庭暴力。

法院受理该案后，立即与谢某取得联系，谢某仍不能认识到自己行为的违法性。法院认为谢某的行为已经构成了家庭暴力，且具有一定的危险性、紧迫性，立即向申请人发出人身安全保护令，禁止谢某再次对李某母女二人实施家庭暴力。

综上所述，家庭暴力多发生在家庭成员之间，妇女儿童往往是主要受害者。受传统观念的影响，人们普遍认为“家丑不可外扬”，但家暴受害者承受了身体上、精神上的痛苦，其身体健康和人格尊也遭到损害。惩罚施暴者、保护受害人，是立法和司法义不容辞的责任。《反家庭暴力法》确立了人身安全保护令制度，法院根据当事人的申请，第一时间为受害人撑起“保护伞”，及时、有效地预防和制止家庭暴力的发生，有力维护了弱势群体的利益。

案例 12

各部门应建立反家庭暴力联动机制（湖北省高级人民法院发布妇女儿童权益司法保护十大典型案例之一）①

原告张某（女）与被告李某系再婚，婚后生育两女。双方共同生活期间，常因生活琐事发生争吵、厮打。妻子张某有时在与李某争吵后带孩子回娘家。李某认为妻子受娘家挑唆，故对张某娘家人进行威胁、辱骂，由此激化了双方矛盾。2020 年 12 月，张某起诉离婚，后经过李某劝说撤回起诉，但夫妻矛盾依然如故。2021 年 7 月，双方再次发生纠纷，张某带着两个孩子外出生活，因无处居住，县妇联将其母女三人安置在反家庭暴力庇护所内。经家事调解委员会调解无果后，张某向法院提起诉讼，要求与李某离婚。案件审理过程中，张某反映李某仍有暴力

① 载微信公众号“湖北高院”，https：//mp. weixin. qq. com/s/PsKJN7XZwgG9axxJ0ng9UA，2022 年 11 月 10 日访问，以下不再标注。

行为，在法官指导下，张某提交了人身安全保护令申请。

法院认为，禁止李某对张某实施家庭暴力；禁止李某骚扰、跟踪、接触张某及其相关近亲属。

人身安全保护令发出后。李某未再实施暴力行为。在法院主持下，张某与李某协议离婚。

综上所述，各成员单位相互配合，反家庭暴力工作取得良好效果。妇联为家庭暴力受害人提供临时庇护，法院依法签发人身安全保护令，公安机关及时协助确保人身安全保护令有效执行，有力地保护了家庭暴力受害者的合法权益。

案例 13

对于孕期和哺乳期的妇女应当给予特殊保护（湖北省高级人民法院发布妇女儿童权益司法保护十大典型案例之二）

申请人沈某（女）与叶某系夫妻，育有两个子女，家庭生活中叶某曾多次殴打沈某。沈某怀有第三胎后，2021 年 5 月双方因家庭琐事再次发生矛盾，叶某对尚在怀孕期的沈某威胁、恐吓，致使其因惧怕而离家出走。当地派出所对叶某发出家庭暴力告诫书，但叶某对沈某继续辱骂，言语威胁、恐吓。沈某不堪忍受，向法院申请人身安全保护令，并要求叶某每月给付生活费用，以保障其怀孕期间的基本生活需要。

法院认为，禁止叶某对沈某实施家庭暴力，禁止叶某殴打、辱骂、威胁沈某；叶某每月 30 日前参照本省农村居民人均消费支出，支付沈某怀孕期间的生活费用（不包含孩子教育医疗等费用开支）。

综上所述，《反家庭暴力法》确立了人身安全保护令制度，旗帜鲜明地向家庭暴力宣战，其中第 5 条第 3 款规定“未成年人、老年人、残疾人、孕期和哺乳期的妇女、重病患者遭受家庭暴力的，应当给予特殊保护”，充分体现了法律对弱势群体的人文关怀。《反家庭暴力法》第 29 条还规定，法院签发的人身安全保护令措施除可禁止被申请人实施家庭暴力等行为外，还可包括“保护申请人人身安全的其他措施”。

案例 14

反家庭暴力工作遵循预防为主，教育、矫治与惩处相结合原则（湖北省高级人民法院发布妇女儿童权益司法保护十大典型案例之三）

申请人刘某（女）与陈某某系夫妻。婚后因缺乏沟通，双方常为琐事发生争吵。2019 年 5 月至 6 月，陈某某两次对刘某实施殴打，造成刘某身体多处受伤，并到刘某工作地点吵闹，还扬言要杀死刘某。刘某遂向住所地公安派出所报警，同时以面临家庭暴力的现实危险向人民法院申请人身安全保护令。

法院认为，法院受理后，依法审查刘某申请的同时，针对刘某夫妻二人婚姻关系现状，依托所在法院设置的“回到初心”心理咨询室，邀请专业心理咨询师介入案件，通过心理咨询疏导陈某某的极端情绪，化解心结，增进夫妻彼此理解，促进家庭和谐。禁止陈某某对刘某及其亲属进行殴打、威胁；禁止陈某某对刘某及其亲属进行骚扰、跟踪；禁止陈某某进入刘某住所及其工作地点。

综上所述，法院受理申请后，一方面应及时赴当地派出所、社区开展调查，约谈双方当事人，调查核实刘某所述案情，依法迅速裁定，签发人身安全保护令；另一方面应针对调查走访中发现的夫妻感情现状以及发生矛盾的原因等，组织专业心理咨询师介入，通过心理咨询疏导当事人极端情绪，化解心结，督促其以平和心态解决家庭矛盾，为人身安全保护令的执行打下良好基础的同时，有效缓解当事人之间的对立，避免暴力升级。

案例 15

各部门各司其职，织牢织密反家庭暴力防控网（湖北省高级人民法院发布妇女儿童权益司法保护十大典型案例之四）

申请人汪某（女）与李某结婚多年，因汪某怀疑丈夫李某与其他异性关系暧昧，2005 年始夫妻关系恶化。2016 年至 2021 年，李某多次殴打汪某，其中两次经鉴定汪某构成轻微伤。公安派出所根据汪某的报案及时出警，制止李某的暴力行为，协助汪某就医，同时帮助其申请了司法鉴定。2021 年，汪某向市司法局法律援助中心求助。法律援助中心接到汪某请求，迅速开展法律援助，指导汪某依据《反家庭暴力法》第

23条的规定，向所在地法院申请人身安全保护令。汪某注意收集和保留李某实施家庭暴力的证据，并向受理法院提交了就医、伤情司法鉴定书等材料。

法院认为，法院立案后第一时间通知李某到庭接受调查询问，迅速查明了案件事实。禁止李某跟踪、殴打、威胁、辱骂汪某及其相关近亲属。

综上所述，家庭暴力主要发生在家庭内部，受害人往往对人身安全保护令制度不了解。各部门应进一步加大普法宣传力度，让家庭暴力受害人了解保护自己的法律武器，并在相关工作中告知当事人申请人身安全保护令。申请人提交证据是否充分，直接影响到法院对家庭暴力行为的客观判断。现实生活中，家庭暴力受害人普遍没有留存证据意识，举证能力较弱。申请人应注意收集和保留遭受家庭暴力的证据，为法院准确认定存在家庭暴力行为，支持其关于人身安全保护令的申请创造有利条件。预防和制止家庭暴力是一个社会性工程，需要公安、司法、民政、法院等部门通力协作。公安机关接到报案后应及时出警，制止家庭暴力，留存调查取证材料，协助就医、鉴定伤情；法律援助机构应及时提供法律援助，指导当事人依法维权；法院应开辟绿色通道，第一时间受理，优先办理，迅速作出人身安全保护令，充分贯彻落实对妇女合法权益的司法保护。

案例16

积极运用联动调处，多元化解某纠纷（甘肃省高级人民法院发布8件依法维护妇女儿童和老年人合法权益典型案例之一）①

原告宋某（女）与被告刘某登记结婚并育有一女，由于婚前双方了解不够，婚后矛盾多发，刘某经常打骂宋某及孩子。多次遭受家暴的宋某起诉离婚，刘某情绪激动，实施断指、喝农药等自残、自杀行为，胁迫宋某撤回离婚诉讼。宋某在刘某的软硬兼施下，同意撤诉。两年后，二人婚姻生活仍然毫无转机，因孩子入学问题致矛盾彻底激化，宋某再

① 载甘肃法院网，http：//www.chinagscourt.gov.cn/Show/61626，2022年11月10日访问，以下不再标注。

次诉至法院请求判令双方离婚。案件送达当日，刘某情绪失控，后被警察制伏后事态得以暂时控制。

法院认为，鉴于刘某在两年前及离婚诉讼期间曾采取过一系列自残、自杀等极端行为，经审查后立即发出人身安全保护令，并向双方辖区派出所、镇政府和村委会送达。同时给予婚姻冷静期一个月，通知双方冷静期内避免见面，刘某不能骚扰宋某及其家人生活，防止矛盾进一步激化，通过各方面的努力和配合，宋某来到法院申请撤诉，双方到民政局办理了离婚手续。

综上所述，在当事人一方有极端行为、潜在危险性较大的情况下，法院及时颁发人身安全保护令；在双方已经平静离婚情况下，防患于未然，向有关部门发送司法建议书，继续加强安全保护，多方联动将离婚给双方当事人以及家人带来的伤害降到最低。通过婚姻冷静期促使双方转归理性，通过人身安全保护令调动公安、民政、村社等多方力量，通过司法建议书持续加强女性安全保护，使家事纠纷解决方式更加多元高效。

案例 17

遭受家暴危险，人身保护令保护安全（甘肃省高级人民法院发布 8 件依法维护妇女儿童和老年人合法权益典型案例之二）

原告胡某（女）与被告马某结婚后，同年生育一女。由于双方婚前缺乏了解，婚后经常因为琐事发生争吵。2014 年以来，胡某以夫妻感情破裂为由先后四次起诉离婚。法院审理中，马某在法院门口对胡某围追堵截、强行跟随，并口头威胁、恐吓，经工作人员多次劝说及释明法律规定仍不知悔改，其行为严重威胁到胡某的人身安全，对法院正常审理秩序带来冲击。

法院认为，因马某对胡某曾实施过家庭暴力行为，现又具有再次实施的高度危险性，为保护弱势妇女的合法权益，法院主动向胡某释明人身安全保护令适用规定，经其申请立即作出人身安全保护令裁定，并送达当地公安机关、村委会协助执行，后马某对胡某再未实施暴力行为。

综上所述，人身安全保护令是专门为预防和制止家庭暴力设立的一种救济制度，通过在加害人与受害人之间设立一道屏障，保护受害人免受加害人的暴力行为。该制度具有预防性和及时性，能够弥补传统救济模式的缺陷，与传统救济模式相辅相成，共同保障受害人的人身安全。法院在审理过程中，因当事人面临家庭暴力的危险，主动释明并作出人身安全保护令裁定，从源头上制止加害人对受害人可能采取的家庭暴力行为，同时也起到了保障审判程序正常进行的作用。

案例 18

构建反家暴立体网络体系，全方位为受害人撑起“保护伞”（甘肃省高级人民法院发布 8 起维护妇女儿童权益典型案例之一）①

申请人张某（女）与高某 12000 年登记结婚，婚后育有一女高某 2。因生活琐事，高某 1 经常殴打张某及女儿高某 2，为此张某一直忍让。2020 年 5 月，张某向人民法院起诉离婚。高某 1 得知后，多次前往张某单位和借住的姐姐家里不分时间地打闹、纠缠。2020 年 6 月 1 日，高某 1 再次前往张某姐姐家纠缠，朝张某脸部、胸部挥拳击打，并对劝架的张某姐姐实施掌掴脸部、拖拽头发等暴力行为，张某报警并与姐姐住院治疗。高某 1 的家暴行为不仅使张某遭受身体伤害，更让女儿高某 2 长期遭受精神折磨无法安心学习。为避免再次遭受家暴，张某和女儿高某 2 向法院申请人身安全保护令。

法院认为，禁止高某 1 对张某、高某 2 实施家庭暴力；禁止高某 1 对张某、高某 2 进行骚扰、跟踪、接触张某及相关近亲属。

综上所述，《反家庭暴力法》首次建立了人身安全保护令制度。该法规定当事人因遭受家庭暴力或者面临家庭暴力的现实危险，向人民法院申请人身安全保护令的，人民法院应当受理。如果被申请人违反保护令禁止事项，继续对申请人及其家人实施家庭暴力，构成犯罪的，将依法追究刑事责任；即便不构成犯罪，法院也会给予训诫或罚款、拘留等处罚决定。在送达人身安全保护令的同时，法院还应建议警方和社区网格员不定期回访申请人生活状况，确保其人日常生活不再受干扰。

① 载甘肃法院网，http：//www. chinagscourt. gov. cn/Show/70893，2022 年 11 月 10 日访问，以下不再标注。

案例19

依法处罚违反人身安全保护令行为（广东省高级人民法院发布反家庭暴力维护妇女儿童权益典型案例之四）①

申请人刘某珍（女）与蒋某华于2016年7月结婚。后二人在共同生活过程中因琐事经常发生争执。2018年4月19日，刘某珍因被蒋某华殴打而报警并入院治疗。同年4月24日，刘某珍向法院申请人身安全保护令。

法院认为，经审查，认定刘某珍面临家庭暴力风险，遂依照《反家庭暴力法》的相关规定，裁定禁止蒋某华骚扰、跟踪、殴打、威胁刘某珍及其近亲属；禁止蒋某华在刘某珍租住住所200米范围内活动。上述人身安全保护令发出后，蒋某华并未遵守人身安全保护令裁定，继续对刘某珍进行骚扰、辱骂及殴打。2018年5月20日，蒋某华再次对刘某珍实施暴力，导致刘某珍多处软组织挫伤入院治疗。因蒋某华的行为严重违反了人身安全保护令的要求，法院依法作出决定，对蒋某华拘留十日。

综上所述，安全保护令作为一种具有强制效力的行为禁令，能够落到实处，不仅要靠当事人的自觉遵守和相关单位的监督，同时也需要对违反者进行依法制裁。对于公然违反人身安全保护令者，法院应当依照法律规定及时采取训诫、罚款、拘留等处罚措施，让施暴方受到相应的法律惩处，依法维护申请人的合法权益和人身安全保护令的权威。

案例20

针对家庭暴力作出人身安全保护令（山东省高级人民法院发布10起妇女和未成年人合法权益司法保护典型案例之八）②

申请人高某（女）与吕某系夫妻关系，两人因家庭琐事产生纠纷，吕某将高某打伤。高某向法院提出申请，请求依法作出人身安全保护令。

---

① 载广东法院网，https：//www. gdcourts. gov. cn/index. php？ v = show&cid = 170&id = 53408，2022年11月10日访问，以下不再标注。

② 载山东省高级人民法院，http：//www. sdcourt. gov. cn/nwglpt/_2343835/_2532828/8504587/index. html，2022年11月10日访问，以下不再标注。

法院认为，高某因遭受家庭暴力或者面临家庭暴力的现实危险，向法院申请人身安全保护令符合法律规定。依照《反家庭暴力法》第23条第1款、第29条之规定，作出人身安全保护令裁定书。

综上所述，《民法典》第1042条明确规定禁止家庭暴力。家庭暴力不仅侵害受害人的人格权，破坏和睦的家庭关系，更影响社会安定祥和。家庭暴力受害人及其法定代理人、近亲属应及时向法院申请人身安全保护令，法院应及时审查，并联合公安机关、居（村）民委员会协助执行。

案例21

实施精神暴力应作出人身安全保护令（最高人民法院与中华全国妇女联合会、中国女法官协会联合发布人身安全保护令十大典型案例之二）①

申请人赵某（女）与被申请人叶某系夫妻关系，因向法院提起离婚诉讼，叶某通过不定时发送大量短信、辱骂、揭露隐私及暴力恐吓等形式对赵某进行语言威胁。自叶某收到离婚诉讼案件副本后，恐吓威胁形式及内容进一步升级，短信发送频率增加，总量已近万条。赵某向法院申请人身安全保护令。

法院认为，案件受理后，因叶某不配合前往法院，法院与叶某电话沟通。叶某在电话中承认向赵某发送过大量短信，并提及已购买刀具。法院裁定禁止叶某骚扰、跟踪、接触赵某及其父母与弟弟。

综上所述，《反家庭暴力法》第2条规定，本法所称家庭暴力，是指家庭成员之间以殴打、捆绑、残害、限制人身自由以及经常性谩骂、恐吓等方式实施的身体、精神等侵害行为。因此，被申请人虽然未实施殴打、残害等行为给申请人造成肉体上的损伤，但若以经常性谩骂、恐吓等方式实施侵害申请人精神的行为，法院亦将对其严令禁止，对申请人给予保护。

---

① 载人民网，http：//legal. people. com. cn/n1/2020/1127/c42510 - 31946946. html，2022年11月10日访问，以下不再标注。

案例22

针对“离婚后家暴”应发出人身安全保护令（最高人民法院与中华全国妇女联合会、中国女法官协会联合发布人身安全保护令十大典型案例之三）

申请人周某（女）与被申请人颜某经调解离婚后，其三名未成年子女均随周某生活。然而每当颜某心情不好的时候，便不管不顾地到周某家中骚扰、恐吓甚至殴打周某和三个孩子，不仅干扰了母子四人的正常生活，还给她们的身心造成了极大的伤害。周某多次报警，但颜某依旧我行我素，甚至变本加厉地侵害周某母子四人的人身安全，连周某的亲友都躲不过。周某遂诉至法院。

法院认为，禁止颜某对周某及三名子女实施家庭暴力；禁止颜某骚扰、跟踪、接触周某母子四人及其近亲属。

综上所述，《反家庭暴力法》适用于家庭成员之间，现有法律对家庭成员的界定是基于血亲、姻亲和收养关系形成的法律关系。除此之外，《反家庭暴力法》第37条中明确规定“家庭成员以外共同生活的人之间实施的暴力行为，参照本法规定执行”，意味着监护、寄养、同居、离异等关系的人员之间发生的暴力也被纳入到家庭暴力中，受到法律约束。

案例23

同居关系一方申请人身安全保护令（最高人民法院与中华全国妇女联合会、中国女法官协会联合发布人身安全保护令十大典型案例之八）

申请人吴某某（女）与被申请人杨某某2009年相识后成为男女朋友，并居住在一起。2018年春节过后吴某某向杨某某提出分手，杨某某同意。2018年4月、5月，杨某某开始对吴某某进行跟踪、骚扰、殴打并强行闯入吴某某的住所和工作场地，限制吴某某的人身自由，抢夺吴某某住所的钥匙、手机，在吴某某住所地张贴污蔑、辱骂、威胁吴某某的材料。吴某某多次向住所地、工作场地所在的派出所报警，杨某某在经警察教育、警告之后仍屡教不改，并且变本加厉骚扰吴某某。吴某某向法院申请人身安全保护令。

法院认为，禁止杨某某对吴某某实施暴力行为；禁止杨某某对吴某某及其家属实施骚扰、跟踪、接触；禁止杨某某接近、进入吴某某的住所及工作场所。

综上所述，《反家庭暴力法》不仅预防和制止的是家庭成员之间的暴力行为，还包括家庭成员以外共同生活的人之间实施的暴力行为。同居关系中暴力受害者的人身权利应当受到法律保护，同居关系的一方若遭受家庭暴力或者面临家庭暴力的现实危险，法院也可依当事人申请作出人身安全保护令。

案例 24

对裁定人身保护后再次家暴的行为进行严厉处罚（最高人民法院与中华全国妇女联合会、中国女法官协会联合发布人身安全保护令十大典型案例之九）

申请人陈某某（女）与被申请人黄某系夫妻关系。两人经常因生活琐事发生争吵，黄某多次对陈某某实施家庭暴力。2016 年 3 月 22 日，黄某殴打陈某某后，陈某某报警，后经医院诊断为腰 3 右侧横突骨折。2016 年 3 月 28 日，陈某某向东兴法院提出人身保护申请。

法院认为，陈某某在法院联系其了解受家暴情况时，表示只是想警告黄某，暂不希望法院发出人身安全保护令。法院随即通知黄某到法院接受询问，黄某承认实施家庭暴力，承认错误，并承诺不再实施家庭暴力。法院为预防黄某再次实施家暴，裁定作出人身安全保护令，并同时向黄某及其所在派出所、社区、妇联送达。后黄某违反人身安全保护令，于 2016 年 7 月 9 日和次日两次对陈某某实施家庭暴力。陈某某在 2016 年 7 月 10 日电话控诉被家暴事实，法官随即联系派出所民警，派出所根据联动机制对黄某拘留五日。法院裁定禁止黄某殴打陈某某；禁止黄某骚扰、跟踪、威胁陈某某及其近亲属。

综上所述，如何认定存在家庭暴力行为，一是看证据是否确凿，如报警记录、信访材料、病历材料等，能充分证明家庭暴力存在的，立即裁定准许人身保护；二是通过听证或询问认定是否存在家暴行为，以便有针对性、快速地认定家暴，及时保护受家暴者及其亲属方。法院应充分利用联动保护机制，作出人身安全保护令后，将裁定抄送给被申请人所在辖区派出所、妇委会、社区等，并保持紧密互动，互相配合，对裁定人身保护后再次出现的家暴行为进行严厉处罚。联动机制对受家暴方的紧急求助起到了关键作用。

案例 25

“前恋人”纠缠骚扰，保护令发挥作用（最高人民法院与中华全国妇女联合会、中国女法官协会联合发布人身安全保护令十大典型案例之十）

申请人包某（女）与被申请人洪某原系恋人关系，双方共同居住生活。洪某在因琐事引起的争执过程中殴打包某，导致包某头皮裂伤和血肿。包某提出分手，并搬离共同居所。分手后，洪某仍然通过打电话、发微信以及到包某住所蹲守的方式对其进行骚扰。包某不堪其扰，遂报警，民警对洪某进行了批评教育。包某担心洪某继续实施家庭暴力，向法院申请人身安全保护令。

法院认为，法院依法作出人身安全保护令。洪某收到人身安全保护令后，无视禁止，继续通过打电话、发短信的方式骚扰包某，威胁包某与其和好继续交往，其间发送的消息超 300 条。法院决定对洪某处以 1000 元罚款和 15 日拘留。

综上所述，家庭成员以外共同生活的人可以被认定为是拟制家庭成员，根据《反家庭暴力法》第 37 条的规定，家庭成员以外共同生活的人可以申请人身安全保护令。人身安全保护令不仅仅是一纸文书，它是法院依法作出的具有法律效力的裁判文书，相关人员必须严格遵守，否则应承担相应的法律后果。无视人身安全保护令，公然违抗法院裁判文书的行为已经触碰司法底线，必须予以严惩。通过罚款、拘留等司法强制措施严惩违反人身安全保护令的施暴者，让反家暴不再停留在仅仅发布相关禁令的司法层面，对施暴者予以震慑，推动整个社会反家暴态势的良性发展。

案例 26

人身安全保护令有效期届满后，可再次向法院提出申请（重庆高院发布维护妇女权益典型案例之二）①

申请人陈某甲（女）与陈某乙系夫妻关系。2019 年 1 月，陈某乙因家庭琐事殴打陈某甲致其头部受伤，经医院诊断为头部外伤、头痛，CT 检查出右侧额叶脑出血。2020 年 3 月，陈某甲曾申请人身安全保护

① 载微信公众号“重庆市高级人民法院”，https：//mp. weixin. qq. com/s/rKQeIQ3LLOtqB7fi6LJ99w，2022 年 11 月 10 日访问，以下不再标注。

令，法院裁定禁止被申请人陈某乙实施家庭暴力；禁止被申请人陈某乙骚扰、跟踪申请人陈某甲。该裁定因期限届满现已失效。陈某乙近期受到行政处罚，对陈某甲更加不满，多次辱骂、威胁，对其生命健康造成潜在危险，陈某甲计划近日起诉离婚，为保障其人身安全，遂再次申请人身安全保护令。

法院认为，根据陈某甲的人身安全保护令申请，结合报警记录、照片、病历等证据认定陈某乙有对陈某甲实施家暴的现实危险，遂裁定禁止陈某乙对陈某甲实施家庭暴力；禁止陈某乙骚扰、跟踪、接触陈某甲及其相关近亲属。裁定自作出之日起六个月内有效。人身安全保护令失效前，可以根据申请人的申请撤销、变更或者延长。

综上所述，对于因人身安全保护令失效，当事人再次申请人身安全保护令的，应结合首次申请的情形适当降低证据认定标准以作出判断，及时高效保护当事人的人身安全。《反家庭暴力法》对人身安全保护令的有效期作出严格限定，不超过六个月。人身安全保护令失效后，受害者可再次向人民法院申请人身安全保护令。申请人身安全保护令案件不同于普通诉讼案件，高度盖然性等证明标准不适用于人身安全保护令案件。法官对家庭暴力是否存在或者是否有家庭暴力之危险根据内心确信作出判断，以审查是否准许人身安全保护令。

● ***相关规定***

《民法典》第1042条；《反家庭暴力法》第2、5、23~32、34、37条；《最高人民法院关于办理人身安全保护令案件适用法律若干问题的规定》

第三十条　【妇女健康服务体系】国家建立健全妇女健康服务体系，保障妇女享有基本医疗卫生服务，开展妇女常见病、多发病的预防、筛查和诊疗，提高妇女健康水平。

国家采取必要措施，开展经期、孕期、产期、哺乳期和更年期的健康知识普及、卫生保健和疾病防治，保障妇女特殊生理时期的健康需求，为有需要的妇女提供心理健康服务支持。

● ***相关规定***

《基本医疗卫生与健康促进法》第 24 条

第三十一条　【妇幼保健和妇女卫生健康】 县级以上地方人民政府应当设立妇幼保健机构，为妇女提供保健以及常见病防治服务。

国家鼓励和支持社会力量通过依法捐赠、资助或者提供志愿服务等方式，参与妇女卫生健康事业，提供安全的生理健康用品或者服务，满足妇女多样化、差异化的健康需求。

用人单位应当定期为女职工安排妇科疾病、乳腺疾病检查以及妇女特殊需要的其他健康检查。

● ***相关规定***

《母婴保健法》；《母婴保健法实施办法》

第三十二条　【生育权利与自由】 妇女依法享有生育子女的权利，也有不生育子女的自由。

● ***相关规定***

《人口与计划生育法》；《最高人民法院关于适用〈中华人民共和国民法典〉婚姻家庭编的解释（一）》第 23 条

第三十三条　【妇女全生育周期系统保健制度】 国家实行婚前、孕前、孕产期和产后保健制度，逐步建立妇女全生育周期系统保健制度。医疗保健机构应当提供安全、有效的医疗保健服务，保障妇女生育安全和健康。

有关部门应当提供安全、有效的避孕药具和技术，保障妇女的健康和安全。

● ***相关规定***

《人口与计划生育法》第19、35条；《基本医疗卫生与健康促进法》第24条

第三十四条 【规划、建设基础设施时应考虑妇女特殊需求】 各级人民政府在规划、建设基础设施时，应当考虑妇女的特殊需求，配备满足妇女需要的公共厕所和母婴室等公共设施。

● ***相关规定***

《未成年人保护法》第46条；《女职工劳动保护特别规定》第10条

第四章 文化教育权益

第三十五条 【保障妇女平等的文化教育权利】 国家保障妇女享有与男子平等的文化教育权利。

● ***条文释义***

国家保障妇女享有与男子平等的文化教育权利，主要通过两种途径：(1) 国家通过立法消除男女性别上的不平等，消灭性别歧视，确认妇女享有与男子平等的受教育的权利，可以同男子一样，自由地从事科学、技术、文学、艺术和其他文化活动；(2) 国家采取各种措施，大力发展文化教育事业，为妇女实现其文化教育权利创造一定的物质条件，提供必要的保障。

● ***相关规定***

《宪法》第48条；《教育法》第37条

第三十六条　【保障适龄女性未成年人接受并完成义务教育】 父母或者其他监护人应当履行保障适龄女性未成年人接受并完成义务教育的义务。

对无正当理由不送适龄女性未成年人入学的父母或者其他监护人，由当地乡镇人民政府或者县级人民政府教育行政部门给予批评教育，依法责令其限期改正。居民委员会、村民委员会应当协助政府做好相关工作。

政府、学校应当采取有效措施，解决适龄女性未成年人就学存在的实际困难，并创造条件，保证适龄女性未成年人完成义务教育。

● ***相关规定***

《教育法》第 19 条；《义务教育法》

第三十七条　【保障妇女平等享有接受教育的权利和机会】 学校和有关部门应当执行国家有关规定，保障妇女在入学、升学、授予学位、派出留学、就业指导和服务等方面享有与男子平等的权利。

学校在录取学生时，除国家规定的特殊专业外，不得以性别为由拒绝录取女性或者提高对女性的录取标准。

各级人民政府应当采取措施，保障女性平等享有接受中高等教育的权利和机会。

● ***相关规定***

《教育法》第 37 条

第三十八条　【扫除妇女文盲、半文盲工作】 各级人民政府应当依照规定把扫除妇女中的文盲、半文盲工作，纳入扫盲和扫盲后继续教育规划，采取符合妇女特点的组织形式和工作方法，组织、监督有关部门具体实施。

● *相关规定*

《扫除文盲工作条例》

第三十九条　【为妇女终身学习创造条件】国家健全全民终身学习体系，为妇女终身学习创造条件。

各级人民政府和有关部门应当采取措施，根据城镇和农村妇女的需要，组织妇女接受职业教育和实用技术培训。

● *条文释义*

本条第 1 款为新增规定，根据 2022 年修订的《职业教育法》第 14 条第 1 款规定，国家应建立健全终身学习的现代职业教育体系。本条第 1 款也相应地对创造妇女终身学习的条件提出了要求。

● *相关规定*

《教育法》第 20 条；《职业教育法》第 14 条

第四十条　【保障妇女在文化活动中享有平等的权利】国家机关、社会团体和企业事业单位应当执行国家有关规定，保障妇女从事科学、技术、文学、艺术和其他文化活动，享有与男子平等的权利。

● *相关规定*

《宪法》第 48 条；《公共文化服务保障法》第 14、36 条

第五章　劳动和社会保障权益

第四十一条　【保障妇女平等的劳动权利和社会保障权利】国家保障妇女享有与男子平等的劳动权利和社会保障权利。

● *相关规定*

《宪法》第 48 条；《劳动法》第 13 条；《就业促进法》第 27 条

第四十二条 【政府和有关部门应防止和纠正就业性别歧视】 各级人民政府和有关部门应当完善就业保障政策措施，防止和纠正就业性别歧视，为妇女创造公平的就业创业环境，为就业困难的妇女提供必要的扶持和援助。

第四十三条 【用人单位招录时不得实施性别歧视行为】 用人单位在招录（聘）过程中，除国家另有规定外，不得实施下列行为：

（一）限定为男性或者规定男性优先；

（二）除个人基本信息外，进一步询问或者调查女性求职者的婚育情况；

（三）将妊娠测试作为入职体检项目；

（四）将限制结婚、生育或者婚姻、生育状况作为录（聘）用条件；

（五）其他以性别为由拒绝录（聘）用妇女或者差别化地提高对妇女录（聘）用标准的行为。

● 条文释义

本条为新增规定，详细列举了招录环节性别歧视的各种情形。此前对于就业性别歧视的认定一直缺乏明确规定，实践中存在争议，2022 年修订明确列举了性别歧视的主要情形，便于识别和处罚。

案例 27

因性别歧视拒录造成精神损害的，可以主张精神损害抚慰金（最高人民法院发布十起关于弘扬社会主义核心价值观典型案例之九）①

被告劳务公司发布招聘信息，标题为“速递员三千加计件”，任职资格：男。原告邓某某（女）遂投递简历申请该职位，并到被告速递公司进行了面试。面试后其在速递公司试干了两天，根据试干结

① 载最高人民法院，https：//www. court. gov. cn/zixun－xiangqing－24931. html，2022 年 10 月 28 日访问。

论，双方达成签约意向。因未能签约，故其打电话询问原因，速递公司确认因为邓某某是女性所以不批准签合同。邓某某被拒后，情绪低落、沮丧、失眠，受歧视、遭排挤的心理阴影难以消除。邓某某遂诉至法院。

法院认为，邓某某在速递公司面试后，速递公司表明其有意愿聘用邓某某，虽然聘用形式是直接聘用还是劳务派遣并未明确，但能够肯定的是速递公司给予邓某某获得担任快递员的机会。速递公司在答辩意见中所援引的相关规定并不能证明快递员属于国家规定的不适合妇女的工种或者岗位。对于邓某某询问丧失应聘机会的原因是否系其为女性时，速递公司作了肯定的答复，能够证明速递公司拒绝聘用邓某某的原因在于其为女性，侵犯了邓某某平等就业的权利。速递公司对其侵权行为给邓某某造成的合理损失应予以赔偿。劳务公司发布的涉诉岗位招聘信息虽然均表明任职资格为男性，但劳务公司并未因邓某某系女性而拒绝提供就业机会，仍通知邓某某进行面试。邓某某并未举证证明劳务公司对其实施了就业性别歧视的行为，故邓某某要求劳务公司承担责任，法院不予支持。速递公司对邓某某实施了就业歧视，给邓某某造成了一定的精神损害，故法院结合速递公司在此过程中的过错程度及给邓某某造成的损害后果酌情支持邓某某精神损害抚慰金。

综上所述，实行男女平等是国家的基本国策。但现实生活中，考虑到女性特殊的生理性原因，妇女需要生育、哺乳以及有生理期等，招聘单位往往以较为隐蔽的方式（如以只接收简历不通知面试或专业不对口等非性别原因掩盖核心的性别原因）拒绝录用女性，使得女性在就业时因性别而遭受歧视。应聘者应通过收集证据形成证据链，证明公司构成就业性别歧视。在招聘单位仅仅以性别原因拒绝录用应聘者的情况下，招聘单位就构成侵权，对由此而给应聘者造成的直接经济损失应予以赔偿，同时招聘单位的拒录行为客观上也给应聘者造成了一定的精神损害，对于应聘者主张的精神损害抚慰金可根据招聘单位的过错程度以及对应聘者造成的损害后果酌情确定。

案例28

劳动合同限生育，工会依法来维权（中华全国妇女联合会发布第三届“依法维护妇女儿童权益十大案例”之十）①

2018年6月，工会接到女职工张某的电话咨询，了解到荣成某企业在与职工签订的劳动合同中，附加条款规定女职工三年内禁止怀孕。张某两年前来到这家企业做行政秘书，意外怀孕后被企业解雇。

工会认为该企业违反了《妇女权益保障法》《女职工劳动保护特别规定》等多部法律法规关于不得限制生育、不得在女职工孕期单方解除劳动合同的规定，与该企业负责人进行交涉，该负责人表示，企业是在女职工占比70%并且大多数处于育龄期、上级部门不予扩增人员的情况下，为避免人力严重不足不得已作出的规定。工会工作人员向其讲解企业这一规定明显违法，必须立即纠正；并且说明如果案件通过劳动仲裁解决，企业势必会被要求整改，对单位和个人的征信都将产生很大影响。最后，该负责人同意撤销对张某的处理，并接受建议，安排专人对企业规章制度、奖惩规定以及劳动合同进行修订。几天后，企业工会来电报告女职工张某已经恢复岗位，且企业已制定出新的规章制度和劳动合同，主动邀请工会派专业人员帮助审查。

综上所述，工会作为职工权益的代表者、维护者，应加强与企业沟通协商、及时协调侵权问题调查处理、促进劳动关系和谐稳定。

案例29

用人单位因性别歧视被判令书面赔礼道歉（广州法院弘扬社会主义核心价值观十大典型案例之七）②

原告梁某（女）于2015年6月28日在网站上看到被告某公司发布招聘厨房学徒的广告，广告中并无明确性别要求，指定面试地点包括被告某酒楼处。梁某遂前往应聘，但该酒楼未对其进行面试。梁某于同年

---

① 载中国妇女网，http：//www.cnwomen.com.cn/2019/11/28/99182618.html，2022年10月28日访问，以下不再标注。

② 载广州审判网，https：//www.gzcourt.gov.cn/ck487/ck581/2022/03/24155757530.html，2022年11月10日。

7 月在网站上再次看到上述公司发布的同一岗位招聘广告，遂申请公证处对上述招聘广告网页进行公证。该公证书显示招聘主体为某公司，招聘职位为配菜/打荷，任职资格及其他条件载明“男性，18~25 岁”。梁某认为某公司、某酒楼存在就业歧视，遂向法院起诉。

法院认为，从某公司发布仅限男性的招聘广告以及某酒楼前台工作人员告知梁某“厨房学徒不要女的”等行为可以看出，某公司、某酒楼在发布招聘广告以及招聘员工的过程中存在对女性应聘者进行区别、限制以及排斥的行为。而某公司、某酒楼所招聘的岗位并非不适合妇女的工种以及岗位。某公司、某酒楼在招聘过程中仅因招聘者性别而产生的区别、限制以及排斥的行为，损害了梁某的就业平等权，给梁某造成了一定的精神损害。判决某公司、某酒楼连带向梁某赔偿精神损害抚慰金并判令某公司、某酒楼向梁某作出书面赔礼道歉。

综上所述，倡导和推动包括性别平等在内的平等是践行社会主义核心价值观的重要体现。现实社会生活中，部分用人单位对女性在就业、待遇、晋升等方面仍存在歧视，严重妨碍了女性平等权利的实现。法院应从实质上充分维护女性劳动者平等就业的权利，向全社会弘扬男女平等理念。

● ***相关规定***

《劳动法》第 13 条；《妇女权益保障法》第 48 条；《就业促进法》第 27 条；《女职工劳动保护特别规定》第 5 条

第四十四条　【劳动合同应具备女职工特殊保护条款】用人单位在录（聘）用女职工时，应当依法与其签订劳动（聘用）合同或者服务协议，劳动（聘用）合同或者服务协议中应当具备女职工特殊保护条款，并不得规定限制女职工结婚、生育等内容。

职工一方与用人单位订立的集体合同中应当包含男女平等和女职工权益保护相关内容，也可以就相关内容制定专章、附件或者单独订立女职工权益保护专项集体合同。

● ***相关规定***

《劳动法》第58~62条；《劳动合同法》第52条；《就业促进法》第27条

第四十五条　【男女同工同酬】实行男女同工同酬。妇女在享受福利待遇方面享有与男子平等的权利。

● ***条文释义***

男女同工同酬法律保障的主要内容包括：在国家工资等级制度中，保障男女同等劳动获得同等报酬；在晋职、晋级、评聘专业技术职务时，保障男女机会平等；在实行劳动合同制中，劳动报酬是劳动合同的重要内容，应保证妇女与男子有平等的获取劳动报酬的权利；在评级、定级、转正等方面，保障妇女与男子有平等的权利；在实行各项奖金制度时，应保障妇女有依法获得奖金的权利；任何单位、个人不得因性别差异而削减女职工的奖金；女性在获得津贴时，在同等条件下，不因性别差异而减少；在实施奖惩制度时，不得随意扣发女职工工资。除法律规定外，任何单位、任何人不得自行制定随意扣发女职工工资的办法，对女职工给予降级、降职、扣发奖金、扣发工资等处理时，要依照法律规定并按照法定程序进行。

● ***相关规定***

《宪法》第48条；《劳动法》第46条

第四十六条　【晋职、晋级等不得歧视妇女】在晋职、晋级、评聘专业技术职称和职务、培训等方面，应当坚持男女平等的原则，不得歧视妇女。

● ***相关规定***

《女职工劳动保护特别规定》第12条

第四十七条　【保护妇女工作和劳动时的安全、健康及休息的权利】用人单位应当根据妇女的特点，依法保护妇女在工作和劳动时的安全、健康以及休息的权利。

妇女在经期、孕期、产期、哺乳期受特殊保护。

相关规定

《劳动法》第59~63条；《人口与计划生育法》第26条；《女职工劳动保护特别规定》第3、4、6~10条

第四十八条　【用人单位用工中不得侵害女职工法定权益】用人单位不得因结婚、怀孕、产假、哺乳等情形，降低女职工的工资和福利待遇，限制女职工晋职、晋级、评聘专业技术职称和职务，辞退女职工，单方解除劳动（聘用）合同或者服务协议。

女职工在怀孕以及依法享受产假期间，劳动（聘用）合同或者服务协议期满的，劳动（聘用）合同或者服务协议期限自动延续至产假结束。但是，用人单位依法解除、终止劳动（聘用）合同、服务协议，或者女职工依法要求解除、终止劳动（聘用）合同、服务协议的除外。

用人单位在执行国家退休制度时，不得以性别为由歧视妇女。

条文释义

本条第1款增加“限制女职工晋职、晋级、评聘专业技术职称和职务”的内容，第2款为新增规定。本条加大了对孕哺期妇女权益的保护力度，进一步预防和消除生育歧视。

案例30

依法保护孕期妇女劳动权益（天津市高级人民法院发布10个保护妇女合法权益典型案例之九）

原告王某（女）于2018年4月入职文化公司，双方未签订劳动合同，该公司法定代表人通过转账方式按月向王某支付工资。2019年4月

18日，王某经检验确诊怀孕。2019年4月28日，该公司法定代表人微信告知王某“直接休息就行了”，将王某辞退，并于5月20日将王某移出工作群。王某就双方之间的劳动争议申请劳动仲裁未获受理，遂起诉至法院。

法院认为，根据王某提供的考勤机打卡照片以及公司法定代表人向其支付工资的事实，可以认定王某作为劳动者实际接受公司的管理、指挥与监督，王某提供的劳动是连续性的，足以认定王某与文化公司之间存在劳动关系。文化公司自王某入职之日起超过一个月不满一年未与之签订劳动合同，应向王某每月支付二倍工资。王某在孕期非因过错，公司与其解除劳动合同关系属违法解除，应当支付经济赔偿金。综上，法院判决确认双方存在劳动关系，并判令文化公司支付王某未签订书面劳动合同期间的二倍工资差额、违法解除劳动合同赔偿金及其他各项应支付费用。

综上所述，劳动权益的实现，是女性获得家庭尊重和社会价值的重要基础，是妇女合法权益的重要内容。按照《劳动合同法》第42条规定，女职工在孕期、产期、哺乳期的，非因法定事由，用人单位不得解除劳动合同。这是法律针对女性特殊情况，对其劳动权益作出的特殊保护。而现实中用人单位因女职工怀孕、生产等原因违法解除劳动合同的现象并不鲜见。用人单位单方面解除劳动关系，严重侵害孕期女职工劳动权益。法院应依法认定用人单位单方解除劳动关系违法，并判决其向劳动者支付赔偿金。

案例31

孕期调岗被劝退，仲裁调解重返岗（中华全国妇女联合会发布第三届“依法维护妇女儿童权益十大案例”之九）

申请人李某某（女）于2017年3月入职某公司，签订了为期2年的劳动合同，岗位系办公室文员。2018年11月，李某某因怀孕向单位请了两周保胎假，休完假后正常复岗工作。2019年1月22日，单位以李某某工作表现不符合岗位职责为由，将其调到销售岗位。李某某不同意，认为以目前自身情况无法完成销售任务。公司以李某某不服从管理为由，要求她递交辞职报告。1月24日，李某某来到法律援助工作站求助。

法律援助工作站联系该公司负责人核实情况，并告知其违反了用人单位在女职工孕期不得单方解除劳动合同的法律规定。该公司负责人态度强硬，称劝退不是辞退，没有违反法律规定。法律援助工作站为李某某指派了律师，代写了劳动仲裁申请书，递交到仲裁院。用人单位收到仲裁院的通知后，考虑到如果败诉将承担不利法律后果，公司负责人主动要求调解。经调解，用人单位同意不予辞退，李某某返回原岗位，安排每日一定时间的工间休息，并根据相关规定，将两周保胎假计入产假，补发此前扣发的两周工资。

综上所述，用人单位出于规避法律的故意，无视劳动合同的约定，将怀孕女职工调整到相对繁重的工作岗位，然后以女职工不服从调整或者不能胜任工作岗位为由“劝退”，达到辞退女职工的目的。这种做法侵犯了女职工的生育权利，在现实中具有一定的代表性。我国《女职工劳动保护特别规定》第6条明确规定了孕期调岗的情形，这种从保护女职工特殊权益角度出发的调岗，需要有医疗机构的医学证明，并且征得女职工同意，安排职级、待遇相当的职位。

案例 32

劳动合同届满的，应延续至女职工孕产期及哺乳期届满（江苏省女法官协会、江苏省妇联联合发布8起依法维护妇女权益典型案例之三）

原告黄某（女）于2017年10月19日入职被告科技公司，双方劳动合同约定合同期限自2017年10月19日至2018年10月19日，2018年10月19日，用人单位通知黄某解除劳动关系，不再续签劳动合同。同日，医疗机构出具疾病证明书，载明黄某为中期妊娠。黄某要求继续履行劳动合同，经仲裁未果后，诉至法院。2019年3月9日，黄某婚生女出生，出生孕周38周+2天。

法院认为，根据《劳动合同法》规定，劳动合同期满，女职工在孕期、产期、哺乳期的，劳动合同应当续延至相应的情形消失时终止。在此情形下，用人单位以劳动合同期满为由终止劳动关系而劳动者要求继续履行的，用人单位应当继续履行劳动合同，至相应的情形消失即哺乳期结束。故对黄某要求继续履行劳动合同的诉讼请求，依法予以支持。哺乳期为自婴儿出生之日起12个月。故判决：用人单位继续履行与黄某之间的劳动合同至2020年3月8日。

综上所述，由于女性社会角色、生理特征的特殊性，法律对女职工的劳动权利作了保护性规定。根据《劳动合同法》的规定，女职工在孕期、产期、哺乳期的，除非主动辞职或出现在试用期内被证明不符合录用条件、严重违反用人单位规章制度、严重失职营私舞弊给用人单位造成重大损失、被依法追究刑事责任、因欺诈胁迫乘人之危订立劳动合同而使劳动合同无效的情形，用人单位不得以通知解除和裁员解除的方式与其解除劳动关系，劳动合同届满的，也应延续至女职工孕产期及哺乳期届满。如用人单位违反《劳动合同法》规定解除或终止了劳动合同，劳动者要求继续履行的，用人单位应当继续履行。

案例33

保护孕期女职工合法劳动权益（天津市高级人民法院发布9起劳动争议典型案例之六）①

2017年8月，原告韩某曦（女）入职被告设计公司，合同期限自2017年8月15日至2020年8月14日。其间，韩某曦怀孕，孕期请假产检。2019年1月起，韩某曦通过微信等方式向设计公司请产假并填写《员工请假单》，此后韩某曦未到岗工作。2019年3月，韩某曦生育一女。2019年5月设计公司向韩某曦发出《解除劳动合同通知书》，以其自2019年2月1日起未上班且未办理任何请假手续，按无故缺勤旷工处理为由，解除双方劳动合同。韩某曦向仲裁委员会申请仲裁，要求设计公司支付违法解除劳动合同赔偿金等，仲裁委部分支持了韩某曦的仲裁申请。双方均向法院提起诉讼。

法院认为，关于设计公司与韩某曦解除劳动合同是否合法问题。韩某曦作为女职工，依法享受产假。韩某曦在职期间，其怀孕并多次

① 载天津法院网，https://tjfy.tjcourt.gov.cn/article/detail/2022/04/id/6662902.shtml，2022年10月28日访问。

向公司请假进行产检，设计公司应当对其怀孕知情并合理预估到韩某曦必然面临分娩、休产假的情况。设计公司以旷工为由与韩某曦解除劳动合同，并抗辩此前韩某曦的请假方式不符合公司规定的流程，但即便如此，设计公司亦应及时敦促韩某曦按流程履行请假手续，而不是放任此种状态直至三个月后径行与劳动者解除劳动合同。设计公司与韩某曦解除劳动合同为违法解除，应当支付违法解除劳动合同赔偿金。

综上所述，《妇女权益保障法》《劳动法》等法律法规规定，女职工在孕期、产期、哺乳期内享受特殊劳动保护。《劳动合同法》第42条第4项明确规定，女职工在孕期、产期、哺乳期，禁止用人单位无正当理由随意解除劳动关系。法院应保护了女职工的合法权益，判令用人单位依法承担违反女职工权益保护强制性规定的法律责任。

案例34

企业应依法规范用工，贯彻女职工保护相关规定（湖北省高级人民法院发布妇女儿童权益司法保护十大典型案例之八）

原告方某（女）系被告某公司员工。方某入职后，公司没有与其签订书面劳动合同，也没有办理社会保险。2019年3月，经所在公司批准，方某开始休产假，同年5月，方某向公司索要工资时，被告知已被公司解除劳动关系。同年11月，方某提起劳动仲裁，后诉至法院。

法院认为，用人单位不得因女职工怀孕、生育、哺乳降低其工资、予以辞退，因此认定公司构成违法解除劳动合同，应支付方某经济赔偿金以及没有签订书面劳动合同的双倍工资差额、产假期间工资、生育保险待遇损失。

综上所述，根据《劳动合同法》和《女职工劳动保护特别规定》的规定，用人单位不得解除与怀孕、哺乳期无过错女职工之间的劳动关系，否则需支付经济赔偿金。《女职工劳动保护特别规定》对女职工产假、生育津贴、禁忌从事的劳动范围更是作了细致的规定。

案例 35

用人单位在不知女职工怀孕情况下终止劳动合同构成违法终止（天津市人社局发布 2021 年度劳动人事争议典型案例之一）①

申请人种某（女）于 2019 年 3 月入职被申请人某演艺公司担任主播职务，双方签订为期 2 年的书面劳动合同。2021 年 2 月，演艺公司告知种某双方劳动合同即将期限届满，决定不再与其续签，种某未提出异议。2021 年 3 月，演艺公司与种某终止了劳动合同。不久，种某诉至仲裁委，称已诊断怀孕，怀孕时间为在职期间，要求公司继续履行劳动合同。

仲裁委认为，用人单位演艺公司已提前告知种某劳动合同即将到期且期满后不再与其续签，在此期间，种某未向公司告知其怀孕之事实，且未对劳动合同期满终止提出异议，故演艺公司与种某终止劳动合同并不存在过错，但在作出终止决定之前种某已经怀孕属于客观事实，且种某不存在故意隐瞒怀孕事实的情形，故仲裁委支持了种某要求继续履行劳动合同的仲裁请求。

综上所述，由于女职工在孕期、产期、哺乳期的生理特殊性，国家对女职工实行特殊劳动保护，《劳动法》《劳动合同法》及《女职工劳动保护特别规定》等法律法规中明确了规定了孕期、产期、哺乳期女职工的相关权益。用人单位对于孕期、产期、哺乳期女职工的管理应严格执行法律法规规定，履行法定义务，尤其在对女职工作出终止劳动合同决定时，应主动排查女职工是否处于孕期、产期、哺乳期。对于女职工来说，应及时将怀孕事实告知单位，正确主张自己的权利。

● ***相关规定***

《劳动法》第 29 条；《劳动合同法》第 42 条；《妇女权益保障法》第 48 条；《女职工劳动保护特别规定》第 5、6 条

① 载天津市人力资源和社会保障局，https：//hrss. tj. gov. cn/zhengwugongkai/zhengcezhinan/zxwjnew/202201/t20220128_5793123. html，2022 年 11 月 10 日访问。

第四十九条　【性别歧视行为纳入劳动保障监察】人力资源和社会保障部门应当将招聘、录取、晋职、晋级、评聘专业技术职称和职务、培训、辞退等过程中的性别歧视行为纳入劳动保障监察范围。

● ***条文释义***

本条为新增规定，将就业性别歧视纳入劳动保障监察范围，完善了救济渠道。

第五十条　【妇女权益社会保障】国家发展社会保障事业，保障妇女享有社会保险、社会救助和社会福利等权益。

国家提倡和鼓励为帮助妇女而开展的社会公益活动。

● ***条文释义***

妇女在下列情形下，依法享受社会保险待遇：（1）退休；（2）患病、负伤；（3）因工伤残或者患职业病；（4）失业；（5）生育。

● ***相关规定***

《基本医疗卫生与健康促进法》第76条

第五十一条　【生育保险制度和职工生育休假制度】国家实行生育保险制度，建立健全婴幼儿托育服务等与生育相关的其他保障制度。

国家建立健全职工生育休假制度，保障孕产期女职工依法享有休息休假权益。

地方各级人民政府和有关部门应当按照国家有关规定，为符合条件的困难妇女提供必要的生育救助。

● ***条文释义***

本条第2款为新增规定，规定国家建立健全职工生育休假制度。本条明确了用人单位对女职工的生育保障义务，加强了对妇女特殊生理期的特殊保护，丰富了家庭友好型、生育友好型政策体系的内容，体现了积极生育支持政策导向。

案例 36

女职工应享受与工资标准相符的生育津贴（江苏省女法官协会、江苏省妇联联合发布8起依法维护妇女权益典型案例之四）

原告李某（女）2009年10月入职被告某影楼，2017年11月生育一女。社会保险基金管理部门向用人单位支付了李某的生育津贴14103.04元，用人单位向李某支付生育津贴11804元。后李某因产后从事的岗位问题与用人单位产生纠纷，用人单位以旷工为由与李某解除劳动合同。李某申请劳动仲裁，请求用人单位补发生育津贴8000元。仲裁委终结仲裁后，李某诉至法院。

法院认为，李某参加了生育保险，但其享受的生育津贴低于其产假前工资标准，李某主张用人单位支付8000元生育津贴并未超过应补发的金额，故对其要求用人单位补发8000元生育津贴的诉讼请求予以支持。

综上所述，生育保险是国家通过社会保险立法，对生育职工给予经济、物质等方面帮助的一项社会政策，体现了国家和社会对妇女的支持和爱护。生育保险待遇包括生育医疗费用、生育津贴和一次性营养补助。用人单位不应在女职工休产假期间降低工资待遇，生育保险对于大部分女职工而言一生可能只用到一两次，单位应切实担负起责任，为保障妇女儿童的基本权利提供物质条件。女职工如果对享受的生育保险待遇有异议，有权到用人单位或者社会保险经办机构查询，职工与用人单位因生育保险待遇发生劳动争议的，可以拿起法律武器维护自身合法权益。

案例37

用人单位未依法缴纳生育保险，应赔偿劳动者生育保险待遇损失（济南市中级人民法院发布劳动争议10大典型案例之八）①

2014年12月12日，原告阎某某（女）入职被告广告公司。2016年10月19日，阎某某生育一女。阎某某在产假结束后未向广告公司请假，也未去上班。2018年5月30日，广告公司通知阎某某解除劳动合同。2018年11月12日，阎某某申请仲裁。2018年11月30日，广告公司为阎某某补缴了2015年7月至2016年2月生育保险，补缴月基数为4200元，2016年3月至2016年6月生育保险，补缴月基数为2626元，2016年7月至2017年6月生育保险，补缴月基数为2930元。仲裁委终结审理后，阎某不服诉至法院。

法院认为，广告公司在阎某某生育前并未为阎某某连续足额缴纳生育保险1年以上。虽然广告公司在社保部门稽核后为阎某某补缴了社会保险，但此时社保部门已不能为阎某某补发生育津贴，报销生育医疗费用，由此给阎某某造成的生育保险待遇损失，应当由广告公司承担。社保部门已经通过稽核确定了阎某某的缴费工资，参照上述规定的计算方式，法院认定广告公司应当支付阎某某生育津贴10623.2元，生育医疗费用为4600元。

综上所述，女职工的生育对于劳动力的再生产，维护社会经济正常发展具有重要意义。国家通过立法的形式对女职工的生育给予保护和帮助，体现了国家对女职工生育权利的特别保护。根据《社会保险法》的规定，职工应当参加生育保险，由用人单位按照国家规定缴纳生育保险费，职工不缴纳生育保险费。现实中，有的用人单位未按时足额给职工缴纳生育保险，导致职工生育后无法按规定享受相应的生育保险待遇，按照相关规定即使用人单位补缴相应的生育保险，职工仍无法享受相应待遇的，用人单位应当赔偿职工相应损失。因此，用人单位应当依法为女职工交纳生育保险，否则，即便进行补缴，女职工无法享受相应待遇

① 载微信公众号“济南中院”，https：//mp. weixin. qq. com/s/V3HeKgx-iOEgIGOS-GZPZw，2022年10月28日访问。

时，也需要进行赔偿。

案例 38

产假期间被扣生育津贴获赔（中华全国妇女联合会发布第四届“依法维护妇女儿童权益十大案例”之一）[①]

原告陈某某（女）于 2017 年 11 月 7 日入职被告某咨询公司，劳动合同为期 3 年。2019 年 4 月 16 日起，陈某某经公司批准休产假，第二天被公司告知区域业务经营调整，决定撤销其所在岗位，与其解除劳动合同。陈某某提出抗议，要求公司赔偿并出具书面解除证明，遭到拒绝。2019 年 7 月，陈某某按公司要求向当地社保部门申领了生育津贴，但公司一直未向其支付。

陈某某向职工服务中心申请工会法律援助，中心工作人员经核实确认情况属实后，指派省工会法律援助律师代理其向仲裁委申请仲裁。律师指导陈某某与公司负责人再次沟通还原事情经过，并保存电话录音、聊天记录，与劳动合同、工作系统聊天记录、社保清单、工资银行流水明细等证据一同提交给仲裁委。12 月 20 日，仲裁委作出《案件逾期告知书》，告知陈某某可向法院提起诉讼。

法院认为，因事实清楚、证据充分，基本支持陈某某的诉讼请求，确认陈某某与公司自 2017 年 11 月 7 日至 2019 年 4 月 17 日期间存在劳动关系，判决公司向陈某某支付违法解除劳动关系赔偿金、产假期间的生育津贴、失业期间的失业保险金损失。

综上所述，《妇女权益保障法》《劳动合同法》《社会保险法》和《女职工劳动保护特别规定》等国家法律法规规定，女职工怀孕、生育、哺乳的，用人单位不能单方与其解除劳动合同，具有《劳动合同法》第 39 条规定的情形除外；女职工合法生育产假期间，应当享受生育津贴。另外，按照《劳动合同法》规定，用人单位应当在解除或者终止劳动合同时向劳动者出具证明。公司业务经营调整不是单方与“三期”女职工解除劳动合同的合法理由，明显属于违法解除劳动合同的行为；拒绝出

---

① 载微信公众号“全国妇联女性之声”，https：//mp. weixin. qq. com/s/7NLzI3y6A8vG2pslOPv7dA，2022 年 11 月 10 日访问。

具解除劳动合同证明的行为违反了法律法规，也给女职工造成了无法申领失业保险的损失。公司不仅应当承担违法解除劳动合同赔偿金，也应对女职工生育津贴、失业期间的相关损失承担赔偿责任。工会应及时为当事人提供法律援助，切实发挥在维护职工合法权益方面的重要作用，广大女职工遇到此类案件时，应当积极寻求工会组织的帮助。

● ***相关规定***

《劳动合同法》第42、50条；《社会保险法》第56条；《未成年人保护法》第84条；《女职工劳动保护特别规定》第8条

第五十二条　【加强困难妇女的权益保障】各级人民政府和有关部门应当采取必要措施，加强贫困妇女、老龄妇女、残疾妇女等困难妇女的权益保障，按照有关规定为其提供生活帮扶、就业创业支持等关爱服务。

● ***条文释义***

本条为新增规定，加强了对贫困妇女、老龄妇女、残疾妇女等困难妇女的权益保障。

● ***相关规定***

《妇女权益保障法》第42、51条

第六章　财产权益

第五十三条　【保障妇女平等的财产权利】国家保障妇女享有与男子平等的财产权利。

● ***相关规定***

《宪法》第48条

第五十四条　【不得侵害妇女共同、共有财产权益】在夫妻共同财产、家庭共有财产关系中，不得侵害妇女依法享有的权益。

案例 39

保障婚姻关系存续期间妇女合法财产权益（天津市高级人民法院发布10个保护妇女合法权益典型案例之七）

原告张某（女）与被告刘某系夫妻关系，二人与郝某系同村村民。2000年左右，刘某与郝某开始不正当交往。2012年6月至2019年12月，刘某陆续向郝某转账12万余元。其间郝某向刘某转账1万余元，双方转账差额为11万余元。张某认为刘某在其不知情的情况下，将夫妻共同财产赠与郝某，侵害其合法权益，故向法院提起诉讼。

法院认为，夫妻因日常生活需要而处理夫妻共同财产的，任何一方均有权决定，但前提须是因家庭日常生活需要而发生。本案中，刘某向郝某赠与款项系为巩固双方之间的不正当男女关系，并非基于家庭日常生活需要。在婚姻关系存续期间，夫妻共同共有的财产是一个不可分割的整体，非因日常生活需要处分夫妻共同财产的，双方应当协商取得一致意见。本案中，刘某已经结婚，郝某亦明知刘某已婚，二人仍保持不正当关系，有违公序良俗。刘某未经其妻子张某同意，将夫妻共同财产赠与郝某，侵犯了张某的合法权益，故依法认定该赠与行为无效，并判令郝某将11万余元全部返还张某。

综上所述，家庭是社会的基本细胞，夫妻关系是家庭关系的核心，夫妻应当互相忠实，维护文明和睦的婚姻家庭关系。因不正当男女关系而赠与钱款的，违背了公序良俗。法院应依法认定该赠与行为无效，并判令返还受赠所得财产。

案例 40

夫妻共同财产赠与有不正当男女关系的第三人无效（山东省高级人民法院发布10起妇女和未成年人合法权益司法保护典型案例之十）

原告陈某系汪某之妻。二人婚姻关系存续期间，汪某与被告公某发展为不正当男女关系。2018 年至 2020 年间，汪某转账给公某及其亲属 34 万余元。陈某诉至法院，要求公某返还。

法院认为，家庭应当树立优良家风，弘扬家庭美德，重视家庭文明建设，维护平等、和睦、文明的家庭关系。本案中，汪某未经其妻子陈某同意，擅自将夫妻共同财产赠与公某，侵犯了陈某的财产权益，有违夫妻忠诚义务及公序良俗，判决公某返还赠与款项。

综上所述，《民法典》第 1062 条第 2 款规定："夫妻对共同财产，有平等的处理权。"夫妻一方将共同财产擅自赠与存在不正当男女关系的第三人，违背夫妻忠诚义务，侵犯了另一方的合法权益。该单方处分夫妻共同财产的行为应认定为无效，他人没有法律根据取得不当利益，依法应当返还。

● ***相关规定***

《民法典》第 1062、1087 条；《最高人民法院关于适用〈中华人民共和国民法典〉婚姻家庭编的解释（一）》第 25~27 条

第五十五条　【妇女平等享有农村集体经济中的各项权益】 妇女在农村集体经济组织成员身份确认、土地承包经营、集体经济组织收益分配、土地征收补偿安置或者征用补偿以及宅基地使用等方面，享有与男子平等的权利。

申请农村土地承包经营权、宅基地使用权等不动产登记，应当在不动产登记簿和权属证书上将享有权利的妇女等家庭成员全部列明。征收补偿安置或者征用补偿协议应当将享有相关权益的妇女列入，并记载权益内容。

案例 41

"姑娘户"应享有同等土地承包经营权（江苏省女法官协会、江苏省妇联联合发布 8 起依法维护妇女权益典型案例之六）

1998 年，原告万某作为户主与其丈夫、儿子办理户籍手续落户被告某村民小组，家庭成员均系该村民小组集体经济组织成员。当年，万某

家庭取得国家二轮土地承包资格，承包耕地2.4亩。2003年该村耕地被租用，每年发放土地租金，因万某家庭系户主为女性的“姑娘户”，村民小组内部决定万某家庭按照60%份额享受分配权，故万某家庭自2003年至2017年，一直按照其他村民60%的比例分配土地租金。2018年，村民小组将先前逐年发放的土地租金改为土地征用补偿金，在确定分配方案时，以村民大会无记名投票的方式，直接取消了万某家庭参与土地征用补偿金分配的权利，未向其发放2018年征地补偿款。万某家庭提出诉讼。

法院经审理认为，《农村土地承包法》《妇女权益保障法》等确立了平等保护妇女土地承包权的原则，任何组织和个人不得剥夺、侵害妇女应当享有的土地承包经营权。农村集体经济组织或村委会、村民小组享有的村民自治权不得滥用，不能侵害该集体经济组织成员的合法权益。本案中，万某是户主，其与其家庭成员均是某村民小组集体经济组织成员，以家庭名义依法获得了土地承包经营权。在万某家庭承包的土地被依法征收时，应与该组的其他村民享有同等补偿权，其请求支付相应份额，应予支持。

综上所述，关于农村土地分配，我国《农村土地承包法》《妇女权益保障法》等法律确立了平等保护妇女土地承包经营权的原则，但由于受陈规陋习的影响，实践中忽视农村妇女合法土地承包经营权的问题仍然存在。农村集体经济组织或村委会、村民小组若滥用其享有的村民自治权利，以村民小组决议或村民大会等形式侵害妇女平等的土地权益，则该决议内容无法律依据，应予纠正。

● ***相关规定***

《农村土地承包法》第6条；《妇女权益保护法》第56条

第五十六条　【不得侵害妇女在农村集体经济中的各项权益】 村民自治章程、村规民约，村民会议、村民代表会议的决定以及其他涉及村民利益事项的决定，不得以妇女未婚、结婚、离婚、丧偶、户无男性等为由，侵害妇女在农村集体经济组织中的各项权益。

因结婚男方到女方住所落户的，男方和子女享有与所在地农村集体经济组织成员平等的权益。

● 条文释义

本条第1款增加了“村民自治章程、村规民约，村民会议、村民代表会议的决定以及其他涉及村民利益事项的决定”的内容，明确基层人民政府对村民自治章程、村规民约以及涉及村民利益事项的决定中侵害妇女权益的内容予以纠正的责任，更好地保护了农村妇女的经济权利，也有利于缩小城乡妇女权益享有水平的差距。

案例 42

婚嫁务工有“身份”，村民待遇应公平（中华全国妇女联合会发布第三届“依法维护妇女儿童权益十大案例”之六）

申请人刘某（女）1978年1月出生于张家界市某村一组，在母亲黄某某户头下申办了农业家庭户口并在一轮土地承包中分得责任田。1992年其父为她非法购买了张家界市非农业户口，但其原有的农业家庭户口并未注销，2002年农业税改费时，刘某在家庭中落实承包地面积为3.12亩，2010年刘某以农业家庭户口人员身份参加了农村合作医疗保险和城乡居民养老保险。2005年8月，刘某到深圳务工，同年开始在深圳购买当地社会养老保险。2008年，刘某将张家界市非农业户口迁至深圳市，此后办理结婚登记及小孩户口登记。2011年9月，某村一组部分土地被征收，同年10月，某村一组向该集体经济组织成员分配征地补偿款，按人田各半原则分配，人均分得9845.50元，其中对有田土在娘家的出嫁女仅分配田土部分补偿款每人4922.70元，刘某据此仅获得4922.70元。刘某认为某村一组未按照同等村民待遇分配征地补偿款，因而向法院提起诉讼。经历了两审败诉以及申请市检察院监督不予支持后，刘某向省检察院申请复查监督。

检察机关认为，通过查阅案卷，对法院以刘某以非农身份在深圳购买了社会保险为由否定刘某的集体经济组织成员身份存疑，到省公安厅、省农委、公安局了解二十世纪八九十年代非农户口买卖的政策、集体经济组织成员身份的认定标准以及刘某当前户口状态，审查每一份证据材料，查阅资料，充分论证集体经济组织成员判断标准的变迁原因、刘某非农户口的非法性。经检察官联席会讨论，向法院提出抗诉。法院判决认定刘某具有某村一组集体经济组织成员身份，支持了检察机关全部抗诉意见。

综上所述，对于农民而言，土地承包经营权和宅基地使用权是法律赋予农户的用益物权，集体收益分配权是农民作为集体经济组织成员应当享有的合法财产权利。这三项权利是当下农民生存生活最重要的保障，不宜因进城务工农民享受了相关社会保险待遇就剥夺其集体经济组织成员资格，对于没有在其他集体经济组织享受成员权益的出嫁女，更不应剥夺其成员资格。《国务院关于进一步推进户籍制度改革的意见》要求切实保障农业转移人口及其他常住人口合法权益，现阶段不得以退出土地承包经营权、宅基地使用权、集体收益分配权作为农民进城落户的条件。

案例 43

集体土地被征用“外嫁女”享有分配权（江苏省淮安市清江浦区人民法院发布8起妇女权益保护典型案例之七）

原告李某（女）出生于1987年，落户并长期生活在被告某村组。2009年，李某与邻村村民结婚，婚后户口未迁出，亦未在邻村享受村民待遇。2020年，李某户籍地村组召开村民大会，讨论该村组土地被征用所获得补偿款分配方案，该方案排除了包括李某在内的几名“外嫁女”参与分配的权利。李某遂诉至法院。

法院认为，任何组织和个人不得以妇女未婚、结婚、离婚、丧偶、户无男性等为由，侵害妇女在农村集体经济组织中的各项权益。李某自出生后户籍一直在某村组，出嫁后户籍未迁出，也未在其他地方享有相关分配收益，应该享有该村组村民的权利。本案所涉土地补偿款如何分配虽属村民自治范畴，但该分配决定中对“外嫁女”不予分配的内容违反了村民委员会组织法和妇女权益保障法的规定，侵害了李某的合法财产权益。李某应享有本案所涉土地补偿款分配的权利。

综上所述，妇女在农村土地承包经营等集体经济组织收益分配方面，享有与男子平等的权利，土地补偿费的分配原则应该是平等分配。但现实中，一些地方仍有不同程度的歧视妇女、侵害妇女权益的情况，不同利益群体的冲突较为明显。法律明确不得损害农村妇女，特别是出嫁妇女的合法权益。当然，如果妇女出嫁后，在新居地取得了承包地或参与征地补偿费等集体收益分配的，则不再享有原居住地集体经济组织成员权利。

案例44

户口未迁出的出嫁女要求享受拆迁补偿收益（盐城法院弘扬社会主义核心价值观十大典型案例之九）①

原告徐某梅与被告徐某虎系姐弟关系，二人户口于1997年5月26日均登记在某村一组。1986年，徐某梅出嫁至外市。因规划建设需要，政府颁布房屋征收补偿方案，并明确规定“女儿户口在征收范围内的出嫁女，可享受90平方米的优惠价，子女一律不得分户享受优惠”。徐某虎、刘某平夫妻共有的房屋在拆迁范围之内。2018年，徐某虎取得了拆迁补偿款并认购了180平方米安置价、90平方米优惠价、60平方米市场价，计330平方米的房屋。徐某梅认为其应享有90平方米优惠价的房屋认购权，为此双方发生争执，徐某梅遂诉至法院。

法院认为，安置房屋与人身存在特定关系，与被拆迁房屋在权属上没有直接的关联。安置房屋的目的是保障每一位被安置人员具备一定的居住条件，具有特定的人身专属性。徐某梅系某村村民，户口未迁出，根据征收补偿方案的规定，徐某梅系拆迁安置的对象，享有90平方米优惠安置房的认购权。徐某虎、刘某平因房屋本身拆除已得到了相应的补偿款，徐某梅取得的安置房屋认购权与徐某虎、刘某平的住房无关，而系依据徐某梅的集体经济组织成员资格。故判决支持徐某梅的诉讼请求。

综上所述，近年来，随着城市化进程的不断加快，农村土地不断被

① 载江苏省盐城市中级人民法院，http：//www.yczy.gov.cn/article/detail/2021/02/id/5820846.shtml，2022年10月28日访问。

征用，受陈旧观念的影响，很多出嫁妇女在土地被征收后生活得不到应有的保障。因征收土地所引发的纠纷有所上升，女性权益的保护也成了一个非常重要的社会问题。出嫁妇女要拿起法律的武器，及时维护自身的合法权益。

案例 45

离婚不给“地”妇女权益被侵害（甘肃省高级人民法院发布 8 件依法维护妇女儿童和老年人合法权益典型案例之四）

原告蒠某（女）与被告蒋某原系夫妻，后两人因感情不和到民政局办理离婚登记手续。离婚时约定，两个孩子由蒋某抚养，待蒠某有能力时抚养一个，对土地的承包经营权未作约定。此后，蒋某一直抚养两个孩子，每年的土地流转费也由蒋某领取。2020 年，蒠某开始抚养一个孩子，并要求蒋某给予其和孩子两口人承包土地流转费，但蒋某不肯，同时将土地农业补贴一并截留，蒠某遂诉至法院。

法院认为，尽管蒋某与蒠某婚姻变化，但蒋某提交的农村土地承包经营权证中载明的家庭成员中含有蒠某及其抚养的孩子，并确认了承包地确权总面积及人均承包地面积。法院认定蒠某及其孩子具有农村集体经济组织成员身份，依法应享有土地承包经营权。

综上所述，《民法典》第 1087 条第 2 款规定：“对夫或者妻在家庭土地承包经营中享有的权益等，应当依法予以保护。”由于农村“男婚女嫁”“妻从夫居”的风俗，农村妇女结婚便将户口从娘家迁至婆家，其在娘家的承包地一般由村集体收回作为村机动地，一旦离婚其在婆家村分得的承包地由婆家村收回作为村机动地，或由离异丈夫的家庭继续承包和使用，“离婚女”更是从根本上失去了生存保障。妇女虽然离婚，但长期以婆家承包地作为生存保障的，法院应通过土地承包政策的分析及对土地承包经营权证的认定，依法维护离婚妇女的土地承包经营权。对提高农村妇女地位、改变不平等的传统婚姻嫁娶和家庭财产分配观念有重要导向作用。

案例 46

出嫁未迁户口，土地补偿能否享受（甘肃省高级人民法院发布 8 件依法维护妇女儿童和老年人合法权益典型案例之五）

原告金某是被告某村成员，出嫁后户口未迁出。后该村部分土地被征用，村委会通过村民集体讨论决定“外嫁女”不能作为本村集体经济组织成员分配土地补偿款。金某认为自己虽为“外嫁女”，但户口一直没有迁出，在新居住地也没有承包地，仍具有该村集体经济组织成员资格，村委会以出嫁为由剥夺其成员资格，拒绝分配土地补偿款的行为侵害其合法权益，遂诉至法院。

法院认为，我国农村土地属于农村集体经济组织成员集体所有，农村集体经济组织成员权是农民最基本的身份权，在组织成员未改变户籍性质和退出承包地之前，一般不宜认定成员资格丧失，更不能以出嫁为由排除其平等获得集体收益的权利。法院判决金某享有平等分配被征土地补偿款的权利，村委会应当给付金某相应份额。

综上所述，根据《妇女权益保障法》第 56 条第 1 款规定，村民自治章程、村规民约，村民会议、村民代表会议的决定以及其他涉及村民利益事项的决定，不得以妇女未婚、结婚、离婚、丧偶、户无男性等为由，侵害妇女在农村集体经济组织中的各项权益。现实中，农村地区以男女不平等的“村规民约”侵害农村妇女土地权益的问题屡见不鲜。村集体土地被征用后取得的土地补偿款，是政府对失地农民的补偿费用，功能在于保障失地农民的基本生存，在保障农村妇女关于土地权益诉权的前提下，保护了涉案“外嫁女”的农村集体经济组织成员权益，对该村分配方案的违法性加以纠正，对依法维护“外嫁女”的土地承包及相关经济权益具有重要意义，也对农村集体经济组织资源和利益分配活动起到指导作用。

案例 47

支持"外嫁女"获同等村民待遇（中华全国妇女联合会发布第四届"依法维护妇女儿童权益十大案例"之十）①

2020 年 2 月，原告刘某等"外嫁女"反映：她们均是被告某生产小组的"外嫁女"，2017 年、2019 年生产小组在分配集体征地赔偿款时，将"外嫁女"排除在外，请求解决问题。县法律援助中心综合当事人意见、节省诉讼资源等因素，决定先选择刘某为代表，为其指派经验丰富的法律服务工作者。该承办人积极收集刘某医保、社保缴纳、选民资格、土地承包经营权证、外嫁后是否被纳入城镇社会保障体系获得其他生活保障等证据，证明刘某出生以来户籍均在该生产小组，履行村民义务，缴纳养老金和医疗保险，参加村委会换届选举，没有在丈夫所在的居委会享受任何待遇，理应享有村民资格，却没有享受作为村民待遇的征地补偿款。

法院认为，根据《最高人民法院关于审理涉及农村土地承包纠纷案件适用法律问题的解释》第 22 条规定，该村民小组的村民代表会议的决定与法律法规和国家的政策相抵触，给予刘某不同于其他经济组织成员区别待遇，不符合法律规定，损害了刘某作为该组织成员同等参与分配集体财产的合法权益。判决某生产小组给予刘某等人同等村民待遇，并在判决生效后向原告刘某等人支付征地补偿款。

综上所述，农村集体经济组织或者村民委员会、村民小组，可以依照法律规定的民主议定程序，决定在本集体经济组织内部分配已经收到的土地补偿费，但不能侵害集体经济组织成员同等享有土地补偿费分配的权利。法院应根据法律规定，以及事实证据，认可"外嫁女"的集体经济组织成员资格，认定其应当同等享有分配土地补偿款的权利，防止以"村民自治"为由，违反宪法和法律，多数人侵犯少数人权益，切实维护农村妇女的合法权益。

---

① 载微信公众号"全国妇联女性之声"，https：//mp. weixin. qq. com/s/aruk6TlhHPakiOyRLSoqhA，2022 年 11 月 10 日访问。

案例 48

“外嫁女”在原集体经济组织的合法权益受法律保护（重庆高院发布维护妇女权益典型案例之一）

原告邱某某（女）出生后随父母落户被告某村2社，于2016年1月与外社村民罗某某登记结婚。婚后邱某某一直生活在某村2社，户口一直未迁出。2016年当地修建工程，某村2社的部分土地被征用，该社通过社员大会讨论决定，“外嫁女”不参加分配，2017年与2019年两次补偿款分配均未将邱某某纳入分配名单，故邱某某以侵害其承包土地及相关财产权益为由提起诉讼。

法院认为，根据《最高人民法院关于审理涉及农村土地承包纠纷案件适用法律问题的解释》第22条规定，本案中，邱某某自出生至今，其户籍所在地一直是某村2社，未曾变更，且未取得其他集体经济组织成员资格，在征地补偿安置方案确定时，邱某某仍为某村2社集体经济组织成员，应具有征地补偿款的分配资格。该村社组织以传统思想认定“外嫁女”不再属于本地人的观点于法无据，其通过社员大会讨论通过的决议违反了相关的法律法规，侵害了邱某某以及其代表的一部分“外嫁女”的切身利益。现邱某某请求该社支付征地补偿费的相应分配份额，符合法律规定，应予支持。

综上所述，未迁移户口且在原地居住生活的“外嫁女”，亦有权获得与同社村民同等的补偿权利。在传统思想的影响下，农村部分地区仍对“外嫁女”存在一定歧视，对于外嫁女的合法权益予以忽视。法院应对户籍未迁出，仍在原村耕种生活，未改变原有生产生活方式的“外嫁女”土地征收补偿分配主体资格予以认可，对“外嫁女”的合法权益予以保护，引导权益被侵害的“外嫁女”群体以法律武器保护自己的合法权益。

● ***相关规定***

《民法典》第1087条；《农村土地承包法》第31、57条；《最高人民法院关于审理涉及农村土地承包纠纷案件适用法律问题的解释》第22条

第五十七条　【保护妇女在城镇集体所有财产关系中的权益】 国家保护妇女在城镇集体所有财产关系中的权益。妇女依照法律、法规的规定享有相关权益。

● ***条文释义***

本条为新增规定，增加了对城镇集体中妇女权益的保护措施。

第五十八条　【平等的继承权】 妇女享有与男子平等的继承权。妇女依法行使继承权，不受歧视。

丧偶妇女有权依法处分继承的财产，任何组织和个人不得干涉。

案例 49

保障妇女平等继承权利（天津市高级人民法院发布 10 个保护妇女合法权益典型案例之五）

原告杨某与被告杨某某系姐弟关系，杨某某与张某某系夫妻关系。杨某与杨某某的父母去世时遗有平房一处，该平房于 2013 年以杨某某名义拆迁，于 2015 年安置了三处房屋，其中一处登记在杨某某名下，另外两处均登记在张某某名下。杨某向杨某某要求继承房产遭到拒绝，遂向法院提起诉讼，要求继承父母二分之一的遗产。二人的父母生前未立遗嘱，其他有继承权的继承人亦均表示放弃继承。

法院认为，二被继承人生前未立遗嘱，故其遗产应按照法定继承办理。对于二被继承人的遗产，作为被继承人女儿的杨某，与作为被继承人儿子的杨某某，依法享有同等的继承权利，杨某某关于女儿不能继承遗产的抗辩主张，缺乏法律依据，故依法判决支持了杨某的诉讼请求。

综上所述，男女平等是我国宪法确立的一项重要原则，《民法典》第 1126 条规定继承权男女平等，正是这一宪法原则在继承领域的具体体现。拒绝女性继承父母遗产，不仅是对男女平等原则的漠视，也是对其继承权的侵犯。

案例 50

父母去世留下遗产，出嫁女亦有继承权（江苏省淮安市清江浦区人民法院发布 8 起妇女权益保护典型案例之六）

马某某、王某某夫妇婚后育有两子六女，其中次子于早年去世，原告六女先后出嫁，马某某、王某某随长子即被告马小某一家共同生活，并共同翻建了房屋。后马某某、王某某先后去世。其间，马小某主持召开家庭会议，决定将房屋分给自己的两个儿子，之后再次对房屋进行翻建。2021 年，上述房屋拆迁，获得征收补偿款若干，长子一家认为应全部归自己所有，六女亦主张享有继承权，遂诉至法院。

法院认为，房屋征收补偿款系原房屋被征收而取得，故在分配时应当根据被征收房屋的权属情况而确定。因马某某夫妇与长子一家对房屋进行过共同翻建，结合本案实际情况，酌情认定马某某夫妇对该房屋占有 20%份额，该部分所对应的征收补偿款应属马某某夫妇遗产，由各继承人依法继承，同时考虑长子与父母长期共同生活并尽主要赡养义务情况，酌情对其多分遗产。

综上所述，男女平等原则，是我国法律制度中的一项重要原则。但在继承问题上还存在歧视妇女的现象，女性的继承权往往不能很好实现。我国《民法典》规定继承权男女平等，即同一顺位的继承人，不论男女，他们的继承权都是平等的，不因性别而权利不同，只要没有被依法剥夺财产继承权，都享有平等的继承权。

● ***相关规定***

《民法典》第 1126、1157 条

第五十九条　【对公婆尽了赡养义务丧偶儿媳的继承权】 丧偶儿媳对公婆尽了主要赡养义务的，作为第一顺序继承人，其继承权不受子女代位继承的影响。

● ***相关规定***

《民法典》第 1129 条；《最高人民法院关于适用〈中华人民共和国民法典〉继承编的解释（一）》第 18、19 条

第七章　婚姻家庭权益

第六十条　【保障妇女平等的婚姻家庭权利】 国家保障妇女享有与男子平等的婚姻家庭权利。

● ***相关规定***

《宪法》第48条；《民法典》第1041、1050、1055、1057条

第六十一条　【保护妇女的婚姻自主权】 国家保护妇女的婚姻自主权。禁止干涉妇女的结婚、离婚自由。

● ***相关规定***

《宪法》第49条；《民法典》第1042、1046条

第六十二条　【鼓励婚前检查】 国家鼓励男女双方在结婚登记前，共同进行医学检查或者相关健康体检。

案例51

婚前隐瞒重大疾病，婚后撤销婚姻关系（江苏省淮安市清江浦区人民法院发布8起妇女权益保护典型案例之一）

原告陈某与被告马某（女）于2021年3月30日登记结婚，双方均系再婚，婚后未生育子女。马某婚前于2018年便被评定为二级精神残疾，评定意见：病史18年，诊断“双相障碍”。马某结婚后病情相对稳定，但需服药治疗。陈某婚前并未发现马某有所异常，婚后发现马某脾气暴躁、骂人，后才得知马某患有严重的精神疾病，起诉要求撤销与马某的婚姻关系。

法院认为，马某在与陈某办理结婚登记前，并未将其患有精神疾病的情况如实告知陈某，既侵犯了其知情权，也违反了法律规定，陈某在

知道撤销事由之日起一年内向法院申请撤销婚姻，符合法律规定，依法应予支持。法院遂判决撤销陈某与马某的婚姻。

综上所述，《民法典》第1053条规定，一方患有重大疾病的，应当在结婚登记前如实告知另一方，另一方可以向人民法院请求撤销婚姻。请求撤销婚姻的，应当自知道或应当知道撤销事由之日起一年内提出。对于重大疾病的具体范围，一般参照《母婴保健法》的规定，婚前医学检查包括下列疾病的检查：（1）严重遗传性疾病；（2）指定传染病；（3）有关精神病。缔结婚姻应建立在双方彼此相互了解信任的基础上，隐瞒病史，在对方不知情的情况下与其结婚，侵犯了对方的权利。

● ***相关规定***

《民法典》第1053条；《母婴保健法》第7～12、25条

第六十三条　【婚姻家庭辅导服务】婚姻登记机关应当提供婚姻家庭辅导服务，引导当事人建立平等、和睦、文明的婚姻家庭关系。

● ***相关规定***

《婚姻登记工作规范》第21条

第六十四条　【男方不得提出离婚的情形】女方在怀孕期间、分娩后一年内或者终止妊娠后六个月内，男方不得提出离婚；但是，女方提出离婚或者人民法院认为确有必要受理男方离婚请求的除外。

● ***条文释义***

包括离婚在内的婚姻自由权，是法律赋予公民的一项重要权利。但是，妇女结婚以后，由于怀孕、分娩或者终止妊娠等原因，其身体、心理状况产生明显变化，需要比平时更多的关怀和照顾。因此，对于在此

期间的离婚问题，也需要从法律上给予女方特别的保护。女方提出离婚的，或者人民法院认为确有必要受理男方离婚请求的，不在此限。

案例52

中止妊娠不满六个月，男方起诉离婚被驳回（江苏省淮安市清江浦区人民法院发布8起妇女权益保护典型案例之三）

原告郑某与被告杨某（女）于2020年6月登记结婚。2021年1月，杨某怀孕。2021年2月3日，因胚胎发育不良，杨某行人工流产术，终止妊娠。2021年6月15日，郑某诉至法院，要求与杨某离婚。

法院认为，女方在怀孕期间、分娩后一年内或者终止妊娠后六个月内，男方不得提出离婚。本案中，杨某于2021年2月3日终止妊娠，郑某于2021年6月15日起诉要求离婚，违反了上述法律规定，不符合起诉条件，故裁定驳回起诉。

综上所述，婚姻自由、男女平等是法律规定的关于我国婚姻家庭的基本原则，为了特殊保护妇女身心健康，法律还对男方离婚请求权行使时间作出了限制。《民法典》第1082条规定，女方在怀孕期间、分娩后一年内或者终止妊娠后六个月内，男方不得提出离婚；但是，女方提出离婚或者人民法院认为确有必要受理男方离婚请求的除外。该法律条文体现了对妇女特殊时期身体及心理的人文关怀，属于禁止性规定。怀孕、分娩、中止妊娠是妇女的一个特殊时期，如果男方此时提出离婚，势必给女方在精神上带来严重打击，影响女方的身心健康。

● ***相关规定***

《民法典》第1082条

第六十五条　【禁止对妇女实施家庭暴力】禁止对妇女实施家庭暴力。

县级以上人民政府有关部门、司法机关、社会团体、企业事业单位、基层群众性自治组织以及其他组织，应当在各自的职责范围内预防和制止家庭暴力，依法为受害妇女提供救助。

案例 53

尊重家暴受害人真实意愿，依法支持其起诉离婚（最高人民检察院检例第 126 号）①

2006 年 3 月 9 日，原告张某云（女）与被告张某森登记结婚。2019 年 6 月，因张某森实施家庭暴力，张某云起诉离婚，法院判决不准张某云与张某森离婚。一审判决生效后，张某森与张某云继续分居。张某森仍时常殴打、恐吓张某云，导致张某云无法正常生活，夫妻关系并未改善，反而更加恶化。2020 年 4 月 16 日，张某云再次向法院提起离婚诉讼，检察院同日发出支持起诉意见书。

检察机关认为，张某云长期遭受家庭暴力，系家暴受害妇女，其合法权益依法应得到保护，根据《民事诉讼法》规定，可以支持其向人民法院起诉离婚。法院受理张某云的起诉，判决认定张某云遭受家庭暴力的事实，认为夫妻感情确已破裂，准予张某云与张某森离婚。

综上所述，家庭暴力受害人享有婚姻自主权、人身损害赔偿请求权。家庭暴力受害人因害怕本人、父母、子女遭受报复等而不敢起诉维权，在获得妇女联合会等部门帮助下仍未能实现维权目标的，在充分尊重家庭暴力受害人真实意愿的前提下，检察机关可依其申请支持起诉，维护其合法权益。

案例 54

依法惩治虐待共同生活的前配偶致其自杀身亡的行为（最高院发布涉家庭暴力犯罪典型案例之四）②

1998 年 9 月，被告人朱某与被害人刘某（女）结婚。2007 年 11 月，二人协议离婚，但仍以夫妻名义共同生活。2006 年至案发前，朱某经常因琐事殴打刘某，致刘某多次受伤。2011 年 7 月 11 日，朱某又因怀疑女儿非自己亲生等问题与刘某发生争执，并持皮带抽打刘某，致使

① 载最高人民检察院，https：//www. spp. gov. cn/jczdal/202112/t20211223_539547. shtml，2022 年 10 月 28 日访问。

② 载最高人民法院，https：//www. court. gov. cn/zixun-xiangqing-13615. html，2022 年 10 月 28 日访问。

刘某持刀自杀。刘某经抢救无效死亡，当日，朱某投案自首。

法院认为，朱某经常性、持续性地采用殴打等手段损害家庭成员身心健康，致使刘某不堪忍受身体上和精神上的摧残而自杀身亡，其行为已构成虐待罪。朱某自动投案，如实供述自己的罪行，构成自首，可以从轻处罚。依照《刑法》有关规定，以虐待罪判处被告人朱某有期徒刑五年。

综上所述，司法实践中，家庭暴力犯罪不仅发生在家庭成员之间，在具有监护、扶养、寄养、同居等关系的人员之间也经常发生。为了更好地保护儿童、老人和妇女等弱势群体的权利，促进家庭和谐，维护社会稳定，《最高人民法院、最高人民检察院、公安部、司法部关于依法办理家庭暴力犯罪案件的意见》将具有监护、扶养、寄养、同居等关系的人员界定为家庭暴力犯罪的主体。

案例55

检察机关通过介入侦查、自行侦查解决取证难题（最高人民检察院发布6起依法惩治家庭暴力犯罪典型案例之一）①

被告人张某某与被害人李某某（女）2004年年底结婚。张某某酗酒后经常因李某某婚前感情问题对其殴打，曾致李某某受伤住院、意图自杀。2020年2月24日，张某某酗酒后在家中再次殴打李某某，用手抓住李某某头发，多次打其耳光，用拳头击打其胸部、背部。李某某被打后带着儿子前往其父亲家躲避，将儿子放在父亲家后投河自杀。经鉴定，李某某系溺水致死。

检察机关认为，因张某某在村外居住，村民对李某某是否被殴打不知情，张某某的父母也有包庇思想，被害人尸体无明显外伤，侦查初期证据收集较困难。检察机关提出以殴打持续时间较长、次数较多作为取证方向。侦查机关根据李某某曾被殴打住院的线索，调取李某某就诊的书证，李某某的父亲、母亲、儿子、医生的证言等证据，证实张某某多次殴打李某某的事实。以涉嫌虐待罪对张某某提起公诉。法院以虐待罪

---

① 载最高人民检察院，https：//www.spp.gov.cn/spp/xwfbh/wsfbt/202105/t20210507_517255.shtml#2，2022年10月28日访问，以下不再标注。

判处张某某有期徒刑六年。

综上所述，发生在家庭成员间的犯罪，往往存在取证难、定性难等问题。检察机关通过介入侦查、自行侦查，围绕虐待持续时间和次数，虐待手段，造成的后果以及因果关系等取证，从源头提高办案质量。

案例56

正确认定因家庭暴力引发的故意伤害犯罪与正当防卫（最高人民检察院发布6起依法惩治家庭暴力犯罪典型案例之四）

被不起诉人毛某某（女）与被害人王某某系夫妻，均系聋哑人。王某某酗酒，经常酒后打骂毛某某。2019年6月25日，王某某得知毛某某将自己被打的事情告诉了朋友，说晚上回家要砍断毛某某的脚。于是，毛某某买了一把刀，藏在卧室衣柜内。当晚，王某某回家后在客厅一边喝酒一边打毛某某，并将菜刀放到饭桌上。王某某酒后进入房间，继续打毛某某，说要用菜刀砍断毛某某的脚，并走出房间拿菜刀。毛某某从衣柜拿出刀向王某某身上乱砍，分别砍在王某某头顶、手臂、腹部等处。王某某夺下刀后，受伤倒地。经鉴定，王某某损伤程度为重伤二级，毛某某为轻微伤。

检察机关认为，毛某某面对现实、紧迫的人身危险取刀反击，属于正当防卫，虽事先准备刀具，但不影响防卫性质。王某某徒手殴打，实施的是一般暴力行为，虽声称要拿菜刀砍毛某某，但在尚未使用可能危及生命或可能造成重伤的工具或高强度手段时，毛某某用刀砍王某某，其防卫手段及损害后果与不法侵害明显失衡，属于防卫过当。鉴于本案系家庭矛盾引发，毛某某有自首情节，依法决定对毛某某不起诉。

综上所述，是否属于《最高人民法院、最高人民检察院、公安部、司法部关于依法办理家庭暴力犯罪案件的意见》第19条规定的“明显超过必要限度”，应当以足以制止并使防卫人免受家庭暴力不法侵害的需要为标准，根据施暴人正在实施家庭暴力的严重程度、手段的残忍程度，防卫人所处的环境、面临的危险程度、采取的制止暴力手段、造成施暴人重大损害的程度，以及既往家庭暴力的严重程度等综合判断。

案例57

依法认定家庭暴力，支持妇女精神损害赔偿请求（天津法院发布5个保护妇女权益典型案例之二）

原告曲某某（女）、被告刘某于1997年登记结婚，婚后双方因家庭琐事时有矛盾，致使夫妻关系紧张。2017年10月9日，刘某因家事用木棍殴打曲某某，造成曲某某骨折，经鉴定为轻伤二级。曲某某向法院提起离婚诉讼。

法院认为，根据《民法典》第1091条的规定，实施家庭暴力导致离婚的，无过错方有权请求损害赔偿。本案中，刘某用棍棒对曲某某进行殴打，给曲某某的精神和身体造成了一定的伤害后果，刘某的行为应当认定为家庭暴力，曲某某要求刘某赔偿精神损害抚慰金的请求，依法予以支持。

综上所述，家庭暴力被喻为"家庭癌症"，严重损害受害人的身心健康和人格尊严，破坏家庭幸福和谐，践踏社会文明和法治底线。我国《民法典》《反家庭暴力法》明确禁止家庭暴力。受到家庭暴力威胁或伤害的女性，可以通过司法途径有效保护自身合法权益。法院应结合施暴者的过错程度、暴力的行为方式、暴力行为造成的后果、施暴者的经济能力等具体情节，合理合法地确定精神损害抚慰金数额。

案例58

威胁作为一种家庭暴力手段的司法认定（最高人民法院公布十起涉家庭暴力典型案例之二）

原告郑某丽（女）与被告倪某斌于2009年2月11日登记结婚，2010年5月7日生育儿子倪某某。在二人共同生活期间，倪某斌经常击打一个用白布包裹的篮球，上面写着"我要打死郑某丽"的字句。2011年2月23日，二人告因家庭琐事发生争执，后倪某斌将郑某丽殴打致轻微伤。2011年3月14日，郑某丽向法院提起离婚诉讼。

法院认为，郑某丽与倪某斌婚前缺乏了解，草率结婚。婚后倪某斌将一个裹着白布的篮球挂在家中的阳台上，且在白布上写着对郑某丽具有攻击性和威胁性的字句，还经常击打篮球，从视觉上折磨郑某丽，使其产生恐惧感，该行为构成精神暴力。在夫妻发生矛盾时，倪某斌对郑某丽实施身体暴力致其轻微伤，最终导致夫妻感情的完全破裂。倪某斌对郑某丽实施家庭暴力使其遭受精神损害应承担过错责任，酌情赔偿郑某丽精神损害抚慰金。

综上所述，婚姻关系存续期间，一方用恐吓性的文字从视觉上威胁另一方，且在双方发生矛盾时，对另一方实施身体暴力，致使其身体受到损害的行为构成家庭暴力。一方实施家庭暴力使另一方遭受精神损害的，应承担过错责任，并应酌情赔偿另一方精神抚慰金。

案例 59

长期实施家暴并杀人获死刑（最高人民法院公布十起涉家庭暴力典型案例之九）

被告人肖某喜和被害人肖某霞（女）于1998年结婚并生育一女一子。2005年，肖某喜怀疑肖某霞与他人有染，二人感情出现矛盾。2009年4月，肖某霞提出离婚，肖某喜未同意。2010年5月22日，肖某喜将在外打工的肖某霞强行带回家中，并打伤肖某霞。肖某霞的父母得知情况后报警，将肖某霞接回娘家居住。2010年5月25日，肖某喜与其表哥程某欲找肖某霞的父亲肖某谈谈。肖某拒绝与肖某喜见面。肖某喜遂购买了一把菜刀、一把水果刀以及黑色旅行包、手电筒等物品，欲杀死肖某霞。当日16时许，肖某喜不顾程某劝阻，独自乘车来到肖某霞父亲家中。23时许，肖某喜进入肖某霞所住房间，持菜刀砍击肖某霞头部、脸部和手部数下，又用水果刀捅刺肖某霞前胸，致肖某霞开放性血气胸合并失血性、创伤性休克死亡。肖某喜扔弃水果刀后逃离。肖某及其妻子李某听到肖某霞的呼救声后，即追赶上肖某喜并与之发生搏斗，肖某喜用菜刀砍伤肖某，用随身携带的墙纸刀划伤李某。后肖某喜被接到报警赶来的公安民警抓获。

法院认为，被告人肖某喜故意非法剥夺他人生命的行为已构成故意杀人罪，故意伤害他人身体的行为又构成故意伤害罪，应依法数罪并罚。肖某喜不能正确处理夫妻矛盾，因肖某霞提出离婚，即将肖某霞打伤，后又携带凶器至肖某霞家中将肖某霞杀死，将岳父、岳母刺伤，情节极其恶劣，后果极其严重，应依法惩处。据此，依法对被告人肖某喜以故意杀人罪判处死刑，剥夺政治权利终身；以故意伤害罪判处有期徒刑二年，决定执行死刑，剥夺政治权利终身。

综上所述，婚姻家庭纠纷中，行为人在被害人提出离婚后将其打伤，随后又持凶器殴打致使被害人死亡，情节极其恶劣，后果极其严重，应依法惩处。行为人故意伤害他人身体并非法剥夺他人生命的行为，同时构成故意伤害罪和故意杀人罪，应依法数罪并罚。

案例 60

因琐事家暴妻子致其死亡获刑（江苏省女法官协会、江苏省妇联联合发布 8 起依法维护妇女权益典型案例之七）

被告人戴某怀疑妻子即被害人黄某有外遇而与其发生争执，戴某持所穿拖鞋反复抽打妻子头面部等部位。经劝解，戴某同意将妻子送医。送医途中，戴某再次用手扇打妻子耳光。从医院回家一小时后，黄某倒地失去知觉。戴某向邻居求救，并自行进行人工心肺复苏抢救。医务人员赶至现场时，确认黄某已无生命体征。戴某即电话报警，等候公安人员到现场后接受处理并如实供述了犯罪事实。经法医鉴定，黄某系遭钝性外力作用致颅脑损伤而死亡。检察机关以戴某犯故意伤害罪提起公诉。

法院认为，戴某采用暴力手段故意伤害他人身体，致一人死亡，其行为已构成故意伤害罪；犯罪后向公安机关投案，并如实供述自己的罪行，系自首，依法可以从轻处罚。认定戴某犯故意伤害罪，判处有期徒刑十二年，剥夺政治权利三年。

综上所述，由于生理条件等原因，女性往往是家庭暴力的受害者。家庭暴力带来的惨痛后果，令人触目惊心，但恶性家暴事件的起点，往往是从小事、小伤开始。面对家暴，家庭成员、社区、公安、法院等全社会都应当高度关注。

案例 61

妻子长期遭受家暴　初次起诉判决离婚（江苏省淮安市清江浦区人民法院发布 8 起妇女权益保护典型案例之二）

原告李某与被告杨某于 2004 年登记结婚，婚后丈夫杨某因怀疑妻子李某与其他异性存在不正当男女关系，多次对妻子动手殴打，公安机关曾多次出警处理。李某向法院提起离婚诉讼，庭审中称对杨某产生恐惧心理，不敢睡觉，并经医院诊断患上中度抑郁症。

法院认为，案件审理过程中，经法院释明，李某表示不需要申请人身安全保护令，坚持要求离婚。经调解未果，认定李某主张长期遭受杨某家庭暴力的事实成立，判决准予离婚。

综上所述，《民法典》第1079条第3款规定，有实施家庭暴力或者虐待家庭成员的情形，调解无效的，应当准予离婚。家庭暴力不仅会导致夫妻感情破裂，更是破坏家庭和谐、影响社会稳定的危险因素。因此在离婚诉讼中，即便是初次起诉、施暴方不同意离婚，但只要认定存在上述家暴或虐待情形，若调解无效，法院仍应按照法律规定判决准予离婚。

案例62

分手暴力可构成犯罪（广东省高级人民法院发布反家庭暴力维护妇女儿童权益典型案例之一）

2017年6月22日，被告人黄某可在出租屋内，因离婚及家庭琐事与妻子江某兴发生争吵，随后黄某可到厨房拿起一把菜刀将江某兴身体多处砍伤，将女儿黄某清头部、面部砍伤。案发后，黄某可自杀未遂，被民警抓获。经鉴定：江某兴所受损伤为重伤二级、黄某清所受损伤为轻伤二级。2018年2月8日，检察院就本案提起公诉。本案审理过程中，两名被害人向法院提交了《谅解书》，均表示谅解黄某可，请求对其作出轻判。

法院认为，本案虽由家庭矛盾引起，但黄某可主观恶性较大，悔罪不深刻，虽然两名被害人出于亲情对黄某可表示谅解请求予以轻判，但对黄某可从轻的幅度应当从严掌握。综合黄某可的具体犯罪事实、性质、情节、悔罪态度和对社会的危害程度，以故意伤害罪判处黄某可有期徒刑五年。

综上所述，加害人因受害人提出离婚请求受到刺激，往往借助暴力达到维系对受害人的控制目的，从而出现“分手暴力”。该类案件中，被害人多出于对加害人的恐惧、亲情、经济压力、亲友压力、害怕打击报复等原因作出违背其真实意愿的谅解。法官处理案件时应对被害人作出谅解的原因和真实意愿进行探知，在量刑时对从轻幅度从严把握。通过严惩家庭暴力行为，向社会明确传递“家庭暴力也可构成暴力犯罪”的讯息，有力彰显法律的权威。

案例63

家暴起诉离婚，法院缺席判决（中华全国妇女联合会发布第四届“依法维护妇女儿童权益十大案例”之七）①

被告李某与原告胡某某（女）闪婚后，经常酒后殴打胡某某，每次都以威胁加道歉的方式取得谅解，但打骂行为却不断升级，甚至出轨其他异性。胡某某向法院提起诉讼，申请人身安全保护令，并要求离婚。李某得知后向胡某某发送了近百条恐吓短信，胡某某万般无奈下向妇联寻求帮助。妇联指派的热线律师立即协助胡某某向法院提交人身安全保护令申请，以及威胁短信及尾随照片等证据。法院审查后下发人身安全保护令，律师积极申请法院联合派出所向李某当面送达人身安全保护令，法院明确告知其违反人身安全保护令的后果，使李某彻底停止骚扰行为。

法院认为，胡某某与李某二人婚前缺乏了解，草率结婚，婚后亦未建立起夫妻感情，双方性格不合，难以共同生活。本案中，被告李某经合法传唤不到庭应诉、陈述、举证与质证，是对其享有的诉讼权利的放弃。判决准予胡某某与李某离婚。

综上所述，在司法实践中，一方缺席庭审，一般情况下无法判决离婚。当事人应充分说明婚前缺乏了解、婚后经常性家庭暴力已导致夫妻感情完全破裂的事实，获得法院支持。法院应坚持以事实为依据，以法律为准绳，判决双方离婚，让司法审判不被不遵守规则的人所左右，使当事人因拒不到庭恶意对抗的行为，承担不利的后果，既维护法律的公平与正义，又彰显司法为民的温度。

---

① 载微信公众号“全国妇联女性之声”，https：//mp. weixin. qq. com/s/eo0hKApa7mbaAYx77N5pXg，2022年11月10日访问。

● ***相关规定***

《民法典》第1042、1079、1091条；《刑法》第260条；《反家庭暴力法》；《妇女权益保障法》第63、75条；《最高人民法院关于适用〈中华人民共和国民法典〉婚姻家庭编的解释（一）》第1条；《最高人民法院、最高人民检察院、公安部、司法部关于依法办理家庭暴力犯罪案件的意见》

第六十六条　【妇女平等享有占有、使用、收益和处分夫妻共同财产的权利】妇女对夫妻共同财产享有与其配偶平等的占有、使用、收益和处分的权利，不受双方收入状况等情形的影响。

对夫妻共同所有的不动产以及可以联名登记的动产，女方有权要求在权属证书上记载其姓名；认为记载的权利人、标的物、权利比例等事项有错误的，有权依法申请更正登记或者异议登记，有关机构应当按照其申请依法办理相应登记手续。

● ***条文释义***

本条第2款为新增规定，细化了《民法典》有关夫妻共同财产的规定，增加了财产权属登记的规定。

● ***相关规定***

《民法典》第220、1062条；《最高人民法院关于适用〈中华人民共和国民法典〉婚姻家庭编的解释（一）》第27~29、32条；《最高人民法院关于适用〈中华人民共和国民法典〉物权编的解释（一）》第2、3条

第六十七条　【离婚诉讼期间夫妻双方申报全部夫妻共同财产的义务】离婚诉讼期间，夫妻一方申请查询登记在对方名下财产状况且确因客观原因不能自行收集的，人民法院应当进行调查取证，有关部门和单位应当予以协助。

离婚诉讼期间，夫妻双方均有向人民法院申报全部夫妻共同财产的义务。一方隐藏、转移、变卖、损毁、挥霍夫妻共同财产，或者伪造夫妻共同债务企图侵占另一方财产的，在离婚分割夫妻共同财产时，对该方可以少分或者不分财产。

案例 64

婚姻关系破裂后男方私自处分夫妻共有房屋，应保护妇女财产权益(天津法院发布 5 个保护妇女权益典型案例之一)

原告尹某（女）、被告李某某于 2011 年登记结婚，婚后育有一子，自 2017 年 10 月双方一直分居，孩子随尹某生活。二人婚后共同购买房屋一套。2019 年，李某某自行变卖该房屋，所得房款，买方已付款，尚未过户。尹某知道李某某出售房屋后，向法院申请诉前财产保全，法院依法作出诉前财产保全裁定，并立即对房屋进行了查封，及时阻断了房屋过户。尹某认为夫妻感情已破裂，起诉至法院。

法院认为，售房款中的夫妻共同债务已被法院执行完毕，用以偿还上述房屋的银行贷款，剩余房款，考虑到孩子随母亲生活等因素，李某某同意一次性支付尹某 180 万元，婚生子由尹某抚养，李某某每月支付抚养费。法院解除对房屋的查封，保障了买方及时办理过户。

综上所述，夫妻关系存续期间购买的房屋是夫妻共同财产，男方私自出售房屋严重损害了女方的财产权利，女方应及时运用法律武器避免自身财产权利遭到侵害。法院应及时审查诉前财产保全申请，阻断房产过户。

● ***相关规定***

《民法典》第 1066、1092 条

第六十八条　【夫妻双方共同负担家庭义务】夫妻双方应当共同负担家庭义务，共同照顾家庭生活。

女方因抚育子女、照料老人、协助男方工作等负担较多义务的，有权在离婚时要求男方予以补偿。补偿办法由双方协议确定；协议不成的，可以向人民法院提起诉讼。

● 条文释义

本条为新增规定，规定了离婚时家务劳动经济补偿，以法律形式认可了家务照料劳动的经济价值和社会价值，体现了先进的性别理念。

案例 65

肯定家务劳动价值，男方向女方支付离婚经济补偿（天津市高级人民法院发布 10 个保护妇女合法权益典型案例之三）

原告闫某与被告马某（女）于 2001 年登记结婚，双方均系再婚，婚后未生育子女。闫某与前妻育有一子，随闫某、马某共同生活多年，由闫某、马某共同抚养成人。后双方产生矛盾，闫某多次起诉要求离婚未果。后闫某再次提起离婚诉讼，马某在诉讼中主张闫某向其支付离婚经济补偿。

法院认为，闫某与马某虽系自主婚姻，但婚后发生矛盾，以致长期分居、多次诉讼，符合法律规定应该准予离婚的情形。双方再婚后未生育子女，马某多年来与闫某共同抚育闫某与前妻之子，负担了较多义务，有权请求经济补偿。判决准予双方离婚，并在依法分割夫妻共同财产的基础上，根据双方实际情况，酌定由闫某支付马某经济补偿款。

综上所述，《民法典》第 1088 条规定，夫妻一方因抚育子女、照料老年人、协助另一方工作等负担较多义务的，离婚时有权向另一方请求补偿，另一方应当给予补偿。法院应充分肯定妇女为家庭的付出，支持其获得经济补偿，让妇女在家庭中投入较多时间精力的“无形付出”转化为“有形财产”。

案例 66

保障生活面临困境的妇女获得扶养费（天津市高级人民法院发布 10 个保护妇女合法权益典型案例之四）

原告王某（女）与被告庞某于 2016 年 8 月登记结婚，2017 年 2 月生育一子。2018 年 6 月，双方发生矛盾，开始分居生活。2018 年 8 月至 10 月，王某因患癌症先后两次住院手术治疗。2019 年 1 月，王某向法院提起诉讼，要求庞某每月给付扶养费 3000 元，此案经调解双方达成协议。2020 年 9 月至 12 月，因王某病情发展，医院建议住院手术以及定期复查治疗。在此期间，庞某未扶养、照顾王某的生活。王某遂再次提起诉讼，要求庞某给付扶养费。

法院认为，婚姻关系存续期间，夫妻有相互扶养的义务。一方不履行扶养义务时，另一方有要求给付扶养费的权利。王某虽未提供证据证明其无劳动能力，但考虑其现没有工作，身患多种疾病需要治疗，且庞某也未能证明王某尚有存款而无须扶养帮助，因此庞某应在能够承受的范围内对王某进行经济帮扶。

综上所述，夫妻之间相互扶助，不仅是中华民族的传统家庭美德，也是夫妻双方的义务。《民法典》第1059条规定，夫妻有相互扶养的义务，需要扶养的一方，在另一方不履行扶养义务时，有要求其给付扶养费的权利。

案例 67

因承担家庭责任长期分居不宜认定为感情破裂（江苏省女法官协会、江苏省妇联联合发布8起依法维护妇女权益典型案例之五）

原告李某与被告张某1986年结婚，1988年生育一女，女儿成家后，女方张某为照顾两名外孙子女随女儿一家居住。男方李某认为长期分居、妻子对自己疏于照顾，夫妻感情破裂，起诉要求离婚。

法院认为，从婚姻基础、婚后感情、要求离婚的原因及夫妻关系的现状进行了综合分析后，认为男方无充分证据证明夫妻感情确已破裂，对其离婚请求不予支持。

综上所述，老年人的婚姻存续期间一般跨度较大，经历了子女的生育抚养、家庭的共同建设、老人的赡养，面临人生生老病死的各种挑战，共同承担责任。关于老年人的分居，要看实际情况，因帮助儿女带孩子、疾病治疗、疗养导致长期未共同居住生活，或者虽分居不同住所但经常沟通往来共同处理生活事宜的，不宜认定为夫妻感情已经破裂。老人帮助子女照顾抚养孙辈，并非法定义务，而是对家庭责任的主动担当，若须因此额外承受自身婚姻稳定的风险，则为公序良俗所不容。依法保护老年人尤其老年妇女合法的婚姻家庭权益，引导老年夫妻珍惜经过历史积淀的感情，正是司法判决所应担当的社会责任。

案例 68

年老相识再婚，应当相互扶助（甘肃省高级人民法院发布 8 件依法维护妇女儿童和老年人合法权益典型案例之八）

原告关某（女）与被告朱某系再婚夫妻，关某丧偶后与继子发生纠纷，无法在一起生活。朱某亦系丧偶，但有儿有女，有固定收入，却老年孤独。二人结为夫妻，关某照顾朱某的生活起居，照看朱某的孙子，朱某支付一切生活开支，二人共同生活十余年。现二人年老多病，不能彼此照顾。2019 年 3 月，双方因家庭琐事发生矛盾后，关某离家独自一人在外租房居住，因年老身患疾病需长期服药，无任何经济来源，朱某每月有退休金却对其不管不顾，关某遂诉至法院。

法院认为，经过法官及陪审员耐心细致的工作，朱某及其子女认识到自己的责任，愿意照顾关某的老年生活，在一个月内给关某找了一个养老院，并立即支付了关某当月的生活费，该案遂调解处理。

综上所述，随着我国社会进入老龄化，老年人的养老问题逐渐显现。在众多老人中，再婚夫妻以及与配偶有矛盾的老人的养老问题更加需要重视。夫妻之间相互扶养，既是权利也是义务。作为共同生活的伴侣，在生活上应当相互照料、相互供养，尤其在一方年老、患病、丧失劳动能力或没有固定经济收入的情况下，有扶养能力的配偶，更应主动扶助对方。

案例 69

因抚育子女负担较多义务，离婚时另一方应当补偿（山东省高级人民法院发布 10 起妇女和未成年人合法权益司法保护典型案例之九）

原告刘某（女）与被告董某于 2020 年登记结婚，同年生育一子，后刘某因感情不和诉至法院，请求判令双方离婚，婚生子由刘某直接抚养，董某支付抚养费并支付经济帮助金。

法院认为，双方当事人均同意离婚，经法院主持调解仍无法和好，故对刘某要求离婚的主张予以支持。因双方婚生子未满 1 岁，从有利于未成年人身心健康的角度，孩子随母亲刘某生活为宜，由董某支付抚养费。结合刘某负担义务较多，且目前没有工作的实际情况，综合双方的经济水平及抚养子女的正常开销，法院除判决离婚、子女抚养及财产分割事宜外，酌定董某向刘某支付经济帮助金。

综上所述，《民法典》第1088条规定，夫妻一方因抚育子女等负担较多义务的，离婚时有权向另一方请求补偿，另一方应当给予补偿。补偿金额一般应考虑双方共同生活的时间、女方在家务劳动中的具体付出情况、男方的经济水平和当地一般生活水平等因素确定。

案例70

司法裁判肯定家务劳动价值，依法支付离婚经济补偿（天津市高级人民法院发布7起贯彻实施民法典家事审判典型案例之七）①

原告买某（女）与被告蔡某于2014年2月登记结婚，婚后育有二子蔡某甲、蔡某乙。买某婚后没有工作，家庭支出由蔡某负担。买某、蔡某因感情不和，自2019年10月开始分居至今。分居期间，双方婚生子蔡某甲、蔡某乙均由买某实际照料，并由买某支付学费、保育费、伙食费、医疗费。买某向法院提起诉讼，请求判令解除双方的婚姻关系并由蔡某支付家务经济补偿。

法院认为，双方因家庭琐事发生矛盾，蔡某在诉讼中认可双方感情确已破裂，应当准予离婚。双方已就子女抚养和探视问题达成一致意见，法院予以照准。关于家务经济补偿问题，买某、蔡某婚后育有二子，买某自婚后没有工作，且自2019年10月起独自抚养二子，可认定其在抚育子女方面承担了较多义务，有权要求蔡某予以补偿。综合考虑双方的婚姻关系存续时间、买某家务劳动的强度和时间、蔡某负担能力和买某家务劳动的预期等，法院支持了买某对于家务经济补偿的诉讼请求，判决蔡某给付买某经济补偿。

综上所述，夫妻关系存续期间，一方因照顾老人、子女等需要，而将更多时间精力投入到无偿的家务劳动中，为家庭生活提供服务和便利的同时，也影响甚至放弃了自身的职业发展，这种社会现象较为普遍。夫妻一方的家务劳动，不仅服务了整个家庭，也为配偶能够集中精力干好工作提供了无形支持。根据民法上权利义务相一致原则，负担家庭义务更多的一方，为家庭整体考虑而失去了自我发展机会，理应获得相应

---

① 载天津法院网，https：//tjfy. tjcourt. gov. cn/article/detail/2021/11/id/6366345. shtml，2022年11月10日访问。

经济补偿，《民法典》第1088条充分肯定了家务劳动的价值。

案例71

支持离婚家务劳动补偿权（广东省高级人民法院发布8个贯彻实施民法典典型案例之八）①

被告梁某乐、原告李某芳（女）于2017年认识，于同年11月登记结婚，并于2018年10月生育女儿小欣。双方婚后因生活琐事经常发生矛盾，李某芳于2021年4月带女儿回到母亲家中居住，双方开始分居。梁某乐认为夫妻双方感情已经破裂，诉至法院，请求判决双方离婚。

法院认为，梁某乐和李某芳经自愿登记结婚并生育女儿，有一定的夫妻感情，但在婚姻关系存续期间，未能相互包容、缺乏理性沟通，导致夫妻感情逐渐变淡。特别是发生争吵后，双方不能正确处理夫妻矛盾，导致分居至今，双方均同意离婚。经法院调解，双方感情确已破裂，没有和好的可能。依照《民法典》第1088条关于家务劳动补偿制度的规定，李某芳在结婚前与母亲一起经营餐饮店，婚后因怀孕和抚育子女负担较多家庭义务未再继续工作而无经济收入，梁某乐应当给予适当补偿。结合双方婚姻关系存续的时间、已分居的时间及梁某乐的收入情况等因素，酌定经济补偿金额。

综上所述，《民法典》打破了《婚姻法》有关适用家务劳动补偿制度需满足夫妻分别财产制的前提条件，从立法上确认了家务劳动的独立价值，为照顾家庭付出较多家务劳动的一方在离婚时请求家务补偿扫除了法律障碍。

案例72

离婚经济补偿的认定（广东省阳江市中级人民法院发布七个贯彻实施民法典典型案例之四）②

原告黄某逢与被告梁某（女）于1995年登记结婚，后于1997年生

---

① 载广东法院网，https：//www.gdcourts.gov.cn/index.php? v=show&cid=170&id=56343，2022年11月10日访问。

② 载阳江法院网，http：//www.gdyjfy.gov.cn/20220714-2141.html，2022年11月10日访问。

育一子黄某财，于2002年生育一子黄某喜。婚后双方经常为家庭琐事发生争吵并打架。黄某逢于2014年和2015年两次起诉至法院要求离婚，法院均未准许。但法院判决不准离婚后，双方之间的隔阂并未消除，黄某逢再次诉至法院要求离婚。

法院认为，《民法典》第1088条规定，夫妻一方因抚育子女、照料老年人、协助另一方工作等负担较多义务的，离婚时有权向另一方请求补偿，另一方应当给予补偿。黄某逢与梁某的婚生儿子黄某财、黄某喜主要由梁某抚养成年，梁某在抚育子女方面负担了较多义务，目前黄某财、黄某喜亦跟随梁某在其娘家居住。综合考量双方的财产状况、抚育子女等义务的负担情况，酌情确定黄某逢支付梁某经济补偿金。

综上所述，《民法典》为照顾家庭、抚育子女等付出较多的一方在离婚时请求经济补偿明确了法律依据。法院审理涉及支付经济补偿的离婚案件时，应充分考虑实际婚姻生活中夫妻对婚姻家庭的贡献和从中获取利益的不平衡，贯彻法律对实质平等和公平正义的追求。

案例73

智力残疾女性在婚姻中的合法权益应当重点保护（重庆高院发布维护妇女权益典型案例之三）

原告周某某（女）系智力二级残疾。2019年，周某某与被告代某某签订《婚前协议书》，对婚前和婚后涉及的个人财产和共同财产进行约定。代某某明知周某某系智力二级残疾，仍于2019年与周某某登记结婚。婚后，双方在代某某家生活半余月，随后前往周某某家生活，之后代某某外出务工，对周某某不予照顾，未对周某某尽其扶养义务，并于2019年5月离家出走，至今也未与周某某家人联系。2019年7月，法院判决宣告周某某为限制民事行为能力人，并指定邓某某为周某某的监护人。2020年5月，周某某起诉至法院，请求与代某某解除婚姻关系。

法院认为，感情是婚姻的基础，是否准予离婚应当以夫妻感情是否破裂作为判断标准。具体到本案中，夫妻之间本有互相扶养的义务，代某某作为丈夫，明知周某某的残疾情况，应更加关心照料周某某。但周某某、代某某认识时间短暂，相互了解不深，且婚后双方仅相处数月，代某某即外出务工，未履行夫妻义务，更未照料扶养周某某，导致双方未建立夫妻感情。在经法院依法传唤后，代某某既未向法院提交书面答辩意见，也未到庭参加诉讼，其行为也表明对夫妻感情的漠不关心，法院认为周某某主张夫妻感情破裂的事实成立，对其离婚请求予以支持。

综上所述，智力残疾妇女在家庭中属特别弱势群体，其合法权益极易受到损害，关注和强调对智力残疾妇女的保护，维护其合法权益是婚姻家庭法的基本原则与应有之义，对进一步健全完善我国妇女权益保护机制也具有特殊的价值意义。智力残疾妇女在生理、体质等方面有着显著的特殊性和弱势性，配偶应给予妻子特别的关心和照顾、必要的生活保障，履行作为特别监护人丈夫的监护职责，维护好智残妻子在婚姻家庭中的平等权益，实现实质意义上的男女平等。法院在办理该类案件时，要更加关注和强调对智残妇女的特别保护，充分维护其合法权益，做到实质意义上的男女平等。

● ***相关规定***

《民法典》第 1059、1088 条

第六十九条　【夫妻共有房屋的离婚分割】 离婚时，分割夫妻共有的房屋或者处理夫妻共同租住的房屋，由双方协议解决；协议不成的，可以向人民法院提起诉讼。

案例 74

丈夫与他人恶意串通转让夫妻共有房屋的协议无效（天津市高级人民法院发布 10 个保护妇女合法权益典型案例之六）

原告孙某（女）与被告李某于 2015 年登记结婚。2018 年，李某以 214 万元的价格购买了案涉房屋。后因双方发生矛盾，孙某于 2021 年 5 月 6 日起诉李某要求离婚。2021 年 5 月 6 日，李某与其父李某某在房管部门签订协议，约定李某以 60 万元的价格将案涉房屋出售给李某某，且不经资金监管。2021 年 5 月 8 日，案涉房屋变更登记至李某某名下，李某某实际未支付对价。现案涉房屋由李某某夫妇居住。孙某以李某、李某某恶意串通转移夫妻共有房屋为由，向法院提起诉讼。

法院认为，案涉房屋系李某于夫妻关系存续期间购买，属夫妻共同财产。李某某、李某父子在李某与孙某矛盾激化期间、孙某提起离婚诉讼之时，以明显低于市场价格的不合理低价进行案涉房屋交易，对李某与孙某的夫妻共同财产进行处分、转移，且未实际支付房款，足以认定李某某、李某在此次交易过程中的主观恶意。故案涉房屋买卖协议系双方恶意串通，损害了孙某的利益，遂依法认定案涉房屋买卖协议无效，并判决李某某与李某将案涉房屋恢复登记至李某名下。

综上所述，夫妻之间应当互相忠实，互相尊重。面对离婚纠纷，一些人非但不积极通过合理合法途径寻求解决，反而在双方矛盾激化期间，与他人恶意串通，转移夫妻共同财产，严重损害了另一方对夫妻共同财产享有的平等处理权。法院应对交易过程进行严格审查，依法认定此类房屋买卖协议无效，维护妇女一方的合法财产权益。

案例75

考量共有财产权利人对财产的贡献时，应维护妇女儿童合法权益

（甘肃省高级人民法院发布8起维护妇女儿童权益典型案例之四）

原告鲁某某（女）与被告吴某1于2011年登记结婚，婚后生育女儿吴某2，并与吴某1的父亲吴某3、母亲汤某某共同居住生活。因居住地棚户区改造，其五人共同居住的房屋被征收，吴某3与政府签订《房屋征收补偿协议书》后领取了房屋征收补偿款。2018年，鲁某某与吴某1离婚，孩子吴某2由鲁某某抚养。鲁某某认为房屋征收补偿款中有其与孩子的份额，遂向法院起诉。

法院认为，鲁某某、吴某2属于《某县2017年棚户区改造项目房屋征收安置补偿方案》确定的安置对象，具有取得房屋征收补偿款的资格，有权要求分割房屋征收补偿款。综合考虑各方当事人对被征收房屋所作贡献及当事人的实际情况，酌情认定吴某3、汤某某享有房屋征收补偿款总额的70%，吴某1、鲁某某、吴某2共同享有30%。虽然吴某2系未成年人，未对房屋建设作出贡献，但其亦具有取得征收补偿款的资格，本着照顾未成年人利益的原则，其应享有与父母相同的财产份额，故吴某1、鲁某某、吴某2所共同享有的房屋征收补偿款份额，应由其三人平均分配。

综上所述，随着我国城镇化步伐的加快及老城区改造的推进，涉及家庭成员间因房屋征收补偿款分配产生的纠纷越来越多地涌入人民法院。在此类纠纷中，嫁入的儿媳及其未成年子女是否享有房屋征收补偿资格以及如何分配补偿款成为法院审判工作的难题。房屋征收补偿款具有一定身份属性的特性，法院应将其与普通共同财产予以区分。在考量共有财产权利人对财产的贡献的同时，坚持维护妇女儿童合法权益的原则，对维护社会和谐稳定具有积极作用和意义。

● ***相关规定***

《民法典》第1087条；《最高人民法院关于适用〈中华人民共和国民法典〉婚姻家庭编的解释（一）》第76~79条

第七十条　【母亲的监护权不受非法干涉】父母双方对未成年子女享有平等的监护权。

父亲死亡、无监护能力或者有其他情形不能担任未成年子女的监护人的，母亲的监护权任何组织和个人不得干涉。

● ***相关规定***

《民法典》第26~28、1058、1084条；《未成年人保护法》第7、16条

第七十一条　【丧失生育能力妇女对子女的优先抚养要求】女方丧失生育能力的，在离婚处理子女抚养问题时，应当在最有利于未成年子女的条件下，优先考虑女方的抚养要求。

● ***相关规定***

《最高人民法院关于适用〈中华人民共和国民法典〉婚姻家庭编的解释（一）》第46条

第八章　救济措施

第七十二条　【常规救济途径】对侵害妇女合法权益的行为，任何组织和个人都有权予以劝阻、制止或者向有关部门提出控告或者检举。有关部门接到控告或者检举后，应当依法及时处理，并为控告人、检举人保密。

妇女的合法权益受到侵害的，有权要求有关部门依法处理，或者依法申请调解、仲裁，或者向人民法院起诉。

对符合条件的妇女，当地法律援助机构或者司法机关应当给予帮助，依法为其提供法律援助或者司法救助。

案例 76

依法提供司法救助，保障妇女生存权益（天津法院发布 5 个保护妇女权益典型案例之五）

申请人吴某（女）系农民，2018 年，因与张某发生机动车交通事故受伤。吴某收入甚微，且需供子女上学，此次交通事故给其家庭带来较大经济损失，生活较为困难。该机动车交通事故责任纠纷案经法院审理，判决由张某赔偿吴某各项损失。判决生效后，张某未如期履行赔偿义务。吴某向法院申请强制执行。法院在执行过程中查明：张某及其妻均已年逾七旬，且身体较差，患有多种疾病，家中无任何生活来源，张某名下无可供执行财产。吴某遂向法院申请司法救助。

法院认为，吴某因道路交通事故造成人身伤害，无法通过诉讼获得赔偿，生活确实困难，家庭经济状况较差，需要帮助，属于司法救助对象的范围，故决定：给予救助申请人吴某司法救助金。

综上所述，因道路交通事故等民事侵权行为造成人身伤害，无法经过诉讼获得赔偿，造成生活困难的，是现行国家司法救助政策明确列举的应予救助的情形之一。法院应认真审查，在核实申请人的情况后，及时办结救助案件，缓解申请人的燃眉之急。

案例77

依法为处于生活困境的妇女和儿童提供司法救济（湖北省高级人民法院发布妇女儿童权益司法保护十大典型案例之十）

原告魏某某（女）与被告赵某甲系夫妻关系，二人育有一女赵某乙。2014年，魏某某被确诊患有渐冻症，赵某甲在魏某某患病后与之日趋疏远，先是以夫妻感情不和为由起诉离婚，在诉讼请求被法院判决驳回后，赵某甲没有再与魏某某共同生活，而是独自回到老家居住，并不再承担家庭开支以及女儿的生活、学习费用。至本案起诉时，魏某某已经处于重症状态，医疗费用难以为继，而赵某乙已届学龄，各项开支显著增多，魏某某及其家庭的生存境况愈加艰难。鉴于上述情况，魏某某提起诉讼，请求解除双方的夫妻关系，并要求赵某甲支付治疗费、抚养费等各项损失。

法院认为，魏某某身患渐冻症，其生活状况已经十分窘迫，而赵某甲个人财务状况不佳，履行能力较为有限，魏某某符合申请司法援助的基本条件。同时，根据学龄儿童赵某乙的客观需求，其亦符合中国人权发展基金会未成年人救助基金申请条件。在该院及相关部门的通力配合下，魏某某申请的司法援助和赵某乙申请的涉诉未成年人救助基金均依法得到及时发放。

综上所述，应充分践行司法为民理念，通过发挥司法能动性，依法为处于生活困境的妇女和儿童提供司法救济。在有效维护妇女儿童合法权益的同时，展现法院的司法关怀，及时、充分回应当事人诉求的基本目标。

第七十三条　【妇联的支持与帮助】妇女的合法权益受到侵害的，可以向妇女联合会等妇女组织求助。妇女联合会等妇女组织应当维护被侵害妇女的合法权益，有权要求并协助有关部门或者单位查处。有关部门或者单位应当依法查处，并予以答复；不予处理或者处理不当的，县级以上人民政府负责妇女儿童工作的机构、妇女联合会可以向其提出督促处理意见，必要时可以提请同级人民政府开展督查。

受害妇女进行诉讼需要帮助的，妇女联合会应当给予支持和帮助。

● ***条文释义***

本条进一步明确妇联做好维护妇女权益、促进男女平等和妇女全面发展的工作。

第七十四条　【对用人单位侵害妇女权益的联合约谈机制】 用人单位侵害妇女劳动和社会保障权益的，人力资源和社会保障部门可以联合工会、妇女联合会约谈用人单位，依法进行监督并要求其限期纠正。

● ***相关规定***

《劳动法》第 88 条；《劳动合同法》第 78 条；《工会法》第 23 条

第七十五条　【妇女在农村集体经济组织中权益的保护】 妇女在农村集体经济组织成员身份确认等方面权益受到侵害的，可以申请乡镇人民政府等进行协调，或者向人民法院起诉。

乡镇人民政府应当对村民自治章程、村规民约，村民会议、村民代表会议的决定以及其他涉及村民利益事项的决定进行指导，对其中违反法律、法规和国家政策规定，侵害妇女合法权益的内容责令改正；受侵害妇女向农村土地承包仲裁机构申请仲裁或者向人民法院起诉的，农村土地承包仲裁机构或者人民法院应当依法受理。

第七十六条　【妇女权益保护服务热线】 县级以上人民政府应当开通全国统一的妇女权益保护服务热线，及时受理、移送有关侵害妇女合法权益的投诉、举报；有关部门或者单位接到投诉、举报后，应当及时予以处置。

鼓励和支持群团组织、企业事业单位、社会组织和个人参与建设妇女权益保护服务热线，提供妇女权益保护方面的咨询、帮助。

第七十七条　【检察机关检察建议和提起公益诉讼】 侵害妇女合法权益，导致社会公共利益受损的，检察机关可以发出检察建议；有下列情形之一的，检察机关可以依法提起公益诉讼：

（一）确认农村妇女集体经济组织成员身份时侵害妇女权益或者侵害妇女享有的农村土地承包和集体收益、土地征收征用补偿分配权益和宅基地使用权益；

（二）侵害妇女平等就业权益；

（三）相关单位未采取合理措施预防和制止性骚扰；

（四）通过大众传播媒介或者其他方式贬低损害妇女人格；

（五）其他严重侵害妇女权益的情形。

● ***条文释义***

本条为新增规定，通过检察机关提起公益诉讼作为法律制度整体构建的一部分，对保护妇女权益具有其他制度无法替代的优越性，这一规定体现了国家为妇女权益的实现提供了现实的途径和有效的司法保障。

● ***相关规定***

《妇女权益保障法》第 78 条

第七十八条　【有关单位支持受侵害的妇女起诉】 国家机关、社会团体、企业事业单位对侵害妇女权益的行为，可以支持受侵害的妇女向人民法院起诉。

● ***相关规定***

《劳动合同法》第 77 条；《工会法》第 50 条；《就业促进法》第 62 条；《女职工劳动保护特别规定》第 14 条

第九章　法律责任

第七十九条　【发现妇女被拐卖、绑架未履行报告义务的责任】违反本法第二十二条第二款规定，未履行报告义务的，依法对直接负责的主管人员和其他直接责任人员给予处分。

● ***条文释义***

本条为新增内容，增设了对拐卖、绑架妇女的侵害行为的强制报告和排查制度。

● ***相关规定***

《刑法》第416条

第八十条　【学校、用人单位未采取措施预防和制止对妇女实施性骚扰的责任】违反本法规定，对妇女实施性骚扰的，由公安机关给予批评教育或者出具告诫书，并由所在单位依法给予处分。

学校、用人单位违反本法规定，未采取必要措施预防和制止性骚扰，造成妇女权益受到侵害或者社会影响恶劣的，由上级机关或者主管部门责令改正；拒不改正或者情节严重的，依法对直接负责的主管人员和其他直接责任人员给予处分。

第八十一条　【住宿经营者发现侵害妇女权益违法犯罪未履行报告义务的责任】违反本法第二十六条规定，未履行报告等义务的，依法给予警告、责令停业整顿或者吊销营业执照、吊销相关许可证，并处一万元以上五万元以下罚款。

第八十二条　【通过大众传播媒介等方式贬低损害妇女人格的责任】 违反本法规定，通过大众传播媒介或者其他方式贬低损害妇女人格的，由公安、网信、文化旅游、广播电视、新闻出版或者其他有关部门依据各自的职权责令改正，并依法给予行政处罚。

● ***相关规定***

《民法典》第995~1000条

第八十三条　【用人单位就业性别歧视和侵害女职工法定权益的责任】 用人单位违反本法第四十三条和第四十八条规定的，由人力资源和社会保障部门责令改正；拒不改正或者情节严重的，处一万元以上五万元以下罚款。

第八十四条　【不作为、打击报复等消极行为的主管人员和其他直接责任人责任】 违反本法规定，对侵害妇女权益的申诉、控告、检举，推诿、拖延、压制不予查处，或者对提出申诉、控告、检举的人进行打击报复的，依法责令改正，并对直接负责的主管人员和其他直接责任人员给予处分。

国家机关及其工作人员未依法履行职责，对侵害妇女权益的行为未及时制止或者未给予受害妇女必要帮助，造成严重后果的，依法对直接负责的主管人员和其他直接责任人员给予处分。

违反本法规定，侵害妇女人身和人格权益、文化教育权益、劳动和社会保障权益、财产权益以及婚姻家庭权益的，依法责令改正，直接负责的主管人员和其他直接责任人员属于国家工作人员的，依法给予处分。

● ***相关规定***

《民法典》第 1010 条；《妇女权益保障法》第 24、25、80 条

第八十五条　【侵害妇女合法权益的其他法律责任】违反本法规定，侵害妇女的合法权益，其他法律、法规规定行政处罚的，从其规定；造成财产损失或者人身损害的，依法承担民事责任；构成犯罪的，依法追究刑事责任。

第十章　附　　则

第八十六条　【施行日期】本法自 2023 年 1 月 1 日起施行。

附录一　相关法律法规

1. 关于《中华人民共和国妇女权益保障法（修订草案）》的说明

——2021 年 12 月 20 日在第十三届全国人民代表大会常务委员会第三十二次会议上

全国人大社会建设委员会主任委员　何毅亭

委员长、各位副委员长、秘书长、各位委员：

我受全国人大社会建设委员会委托，作关于《中华人民共和国妇女权益保障法（修订草案）》的说明。

一、妇女权益保障法修改的必要性

妇女是人类文明的开创者、社会进步的推动者，妇女的地位体现了一个国家的文明与进步。党和国家高度重视、积极推进妇女工作，促进男女平等和妇女全面发展。党的十八大以来，以习近平同志为核心的党中央从党和国家事业发展全局出发，就维护妇女权益、促进妇女全面发展，提出新的更高要求，作出一系列重要部署。习近平总书记多次强调，“妇女权益是基本人权”“要把保障妇女权益系统纳入法律法规，上升为国家意志，内化为社会行为规范”。习近平总书记的重要论述和党中央的决策部署，为做好妇女权益保障工作指明了方向。

现行的妇女权益保障法是 1992 年由七届全国人大五次会议通过的，此后经过了 2005 年的全面修订、2018 年的个别调整。该法实施近 30 年来，有力促进了妇女在各方面权益保障水平的提高，推动了男女平等基本国策深入人心。同时不可否认，妇女权益保障领域存在的一些老问题尚未得到根本解决，如妇女被拐卖、性侵、家庭暴力、性骚扰，农村妇女、残疾妇女、单亲母亲等群体仍面临特殊困难等；随着经济社会发展又出现了一些新情况、新问题。如生育政策调整后生育与就业矛盾加剧，就业领域的性别歧视有所凸显；农村产权形式和分配方式发生变化后保护农村妇女财产权益面临新挑战；家庭稳定性持续下降，离婚率上升，婚姻家庭关系引发的矛盾纠纷日益复杂等等。面对这些情况，现行妇女权益保障法亟待进一步拓展和强化。近年来，全国人大代表多次就修改妇女权益保障法提出议案，仅十三届全国人大一次会议以来，就先后有 350 名全国人大代表提出 11 件关于修改妇女权益保障法的议案。社会各界也呼吁通过修法，进一步优化促进男女平等的基础性制度设计，完善保障内容，提升保障水平，为妇女全面发展营造环境、扫清障碍、创造条件。

全国人大常委会认真贯彻落实党中央关于保障妇女权益的决策部署，积极回应社会关切，将修改妇女权益保障法列入常委会 2021 年度立法工作计划。2021 年以来，社会建设委员会在全国妇联提交的建议稿基础上，通过向地方人大书面征求意见、召开专家座谈会、开展实地调研和委托地方调研等方式，充分研究论证，不断完善草案文本，在广泛听取、积极吸纳各方面意见建议的基础上，形成了《中华人民共和国妇女权益保障法（修订草案）》（以下简称《修订草案》）。

二、妇女权益保障法修改的指导思想和总体思路

（一）指导思想

以习近平新时代中国特色社会主义思想为指导，全面贯彻习近平总书记关于加强妇女工作、维护妇女合法权益重要讲话精神和党中央决策部署，坚持以人民为中心的发展思想，贯彻落实男女平等基本国策，着力完善相关制度机制和保障性法律措施，为促进男女平等和妇女全面发展提供坚实的法治保障。

（二）总体思路

一是立足国情实际，逐步健全与我国发展阶段相适应的妇女权益保障制度。近年来党和国家陆续出台了多个旨在加强妇女权益保障的规范性文件，各地在妇女权益保障工作中进行了积极探索，积累了丰富的实践经验。《修订草案》将适应妇女权益保障现实需要、实践证明行之有效、各方面认识比较一致的措施及时转化为法律规范，确保妇女平等分享发展成果。同时坚持尽力而为、量力而行原则，不盲目效仿西方国家的做法，对于争议较大或目前修改时机和条件尚不成熟的内容，不做出修订。

二是坚持问题导向，力争在解决妇女权益保障领域存在的突出问题上有所突破。妇女权益保障领域长期存在一些痛点、难点问题，直接关系妇女的切身利益和亿万家庭的幸福美满，影响社会和谐稳定。《修订草案》针对这些突出问题，致力于优化妇女发展环境，加强制度机制构建，在权利确认、预防性保障、侵害处置、救济措施、责任追究等方面进一步完善相关规定，消除不利于妇女发展的障碍，促进男女平等和妇女全面发展。

三是坚持系统观念，处理好与相关法律、法规和政策的衔接配合。妇女权益保障涉及宪法和民法典、刑法以及劳动、教育、社会保障、土地承包、基层政权建设、人口与计划生育、母婴保健、反家庭暴力等方面的法律法规。《修订草案》坚持本法作为妇女权益保障领域专门法的定位，注意处理好与其他法律法规的关系。对其他法律没有规定或者规定不够完善的，尽可能在本法中作出明确具体的规定；其他法律已有明确规定的，本法只做原则性、衔接性的规定；对于适宜通过制定行政法规或政策细化和解决的问题，在本法中只做原则性规定，避免挂一漏万。

四是尊重地区差异，为地方立法留下空间。在妇女权益保障领域，各地存在的突出问题不尽相同，经济社会发展水平能够支撑的保障程度也不尽相同，一些问题不宜在本法中做“一刀切”的规定。《修订草案》着眼于发挥地方立法灵活性大、针对性和集合性强的优势，对妇女权益保障中的某些问题，如高额彩礼等婚姻陋习，在本法中未做规定，留待地方立法予以规范。

三、妇女权益保障法修改的主要内容

现行妇女权益保障法共九章六十一条，《修订草案》修改四十八条、保留十二条、删除一条，新增二十四条，修改后共计九章八十六条。主要修改内容如下。

（一）关于总则部分

健全完善促进男女平等和妇女全面发展的制度机制，是保障妇女权益的基础性工作。《修订草案》增加了“歧视妇女”的含义、维护妇女权益的工作机制、司法机关的责任、法律政策性别平等评估机制、性别统计调查和发布制度、男女平等基本国策教育等新规定，并对其他条款作了调整和补充完善。

（二）关于妇女权益的保障

《修订草案》从六个方面进一步完善和加强了对妇女权益的保障。

1. 在政治权利保障方面。增加了基层群众性自治组织和用人单位应当组织妇女参与相关协商议事活动、职工代表大会中女职工代表的比例应当与女职工所占比例相适应等新规定，强化了妇女联合会的新职能，进一步拓宽妇女参与国家和社会事务管理的途径。

2. 在文化教育权益保障方面。补充完善了保障适龄女性未成年人接受并完成义务教育的相关规定，明确政府采取措施，保障女性平等享有接受中高等教育的权利和机会。

3. 在劳动和社会保障权益方面。重点明确就业性别歧视的主要情形，完善消除就业性别歧视的机制，推广女职工特殊权益专项集体合同，建立企业性别平等报告制度，针对平台用工等新的就业形态明确规定应当参照适用本法的相关规定，增强新形势下对妇女就业的全方位保护。

4. 在财产权益保障方面。主要增加了对农村妇女土地及相关权益的保护措施，明确了基层人民政府对村民自治章程、村规民约以及涉及村民利益事项的决定中侵害妇女权益的内容予以纠正的责任，对城镇集体经济中的妇女权益保护做出了新规定。

5. 在人格权益保障方面。首先是将原第六章的章名“人身权利”修改为“人格权益”；其次是细化了对妇女生命健康权的保护措施，列举了性骚扰的常见情形并规定了学校和用人单位应当采取的预防和制止措施，扩大了人身安全保护令的适用范围，增加了建立妇女健康服务体系、提供妇女特殊生理期健康服务、建设满足妇女基本需要的设施、保护被性侵妇女的权益等新内容。

6. 在婚姻家庭权益保障方面。增加了鼓励婚前体检、建立婚姻家庭辅导服务制度等新规定；对民法典有关夫妻共同财产的规定进行了细化，增加了有关财产权属登记、离婚诉讼期间共同财产查询、离婚时家务劳动经济补偿等规定，加强对女方合法权益的保护。

（三）关于法律救济与法律责任

《修订草案》增加了各级妇儿工委可以发出督促处理意见书、加强全国统一的妇女维权服务热线建设、建立妇女权益保障检察公益诉讼制度、支持起诉制度等新救济途径，完善了妇女在农村集体经济权益受侵害时的救济途径，增加了实施就业性别歧视、未采取性骚扰预防制止措施的法律责任等，进一步细化、强化了法律救济和法律责任，增强了法律的刚性。

此外，《修订草案》还对部分条文做了文字修改。

《中华人民共和国妇女权益保障法（修订草案）》和以上说明是否妥当，请审议。

2. 中华人民共和国民法典（节录）

（2020 年 5 月 28 日第十三届全国人民代表大会第三次会议通过　2020 年 5 月 28 日中华人民共和国主席令第 45 号公布　自 2021 年 1 月 1 日起施行）

……

第四编　人　格　权

第一章　一般规定

第九百八十九条　本编调整因人格权的享有和保护产生的民事关系。

第九百九十条　人格权是民事主体享有的生命权、身体权、健康权、姓名权、名称权、肖像权、名誉权、荣誉权、隐私权等权利。

除前款规定的人格权外，自然人享有基于人身自由、人格尊严产生的其他人格权益。

第九百九十一条　民事主体的人格权受法律保护，任何组织或者个人不得侵害。

第九百九十二条　人格权不得放弃、转让或者继承。

第九百九十三条　民事主体可以将自己的姓名、名称、肖像等许可他人使用，但是依照法律规定或者根据其性质不得许可的除外。

第九百九十四条　死者的姓名、肖像、名誉、荣誉、隐私、遗体等受到侵害的，其配偶、子女、父母有权依法请求行为人承担民事责任；死者没有配偶、子女且父母已经死亡的，其他近亲属有权依法请求行为人承担民事责任。

第九百九十五条 人格权受到侵害的，受害人有权依照本法和其他法律的规定请求行为人承担民事责任。受害人的停止侵害、排除妨碍、消除危险、消除影响、恢复名誉、赔礼道歉请求权，不适用诉讼时效的规定。

第九百九十六条 因当事人一方的违约行为，损害对方人格权并造成严重精神损害，受损害方选择请求其承担违约责任的，不影响受损害方请求精神损害赔偿。

第九百九十七条 民事主体有证据证明行为人正在实施或者即将实施侵害其人格权的违法行为，不及时制止将使其合法权益受到难以弥补的损害的，有权依法向人民法院申请采取责令行为人停止有关行为的措施。

第九百九十八条 认定行为人承担侵害除生命权、身体权和健康权外的人格权的民事责任，应当考虑行为人和受害人的职业、影响范围、过错程度，以及行为的目的、方式、后果等因素。

第九百九十九条 为公共利益实施新闻报道、舆论监督等行为的，可以合理使用民事主体的姓名、名称、肖像、个人信息等；使用不合理侵害民事主体人格权的，应当依法承担民事责任。

第一千条 行为人因侵害人格权承担消除影响、恢复名誉、赔礼道歉等民事责任的，应当与行为的具体方式和造成的影响范围相当。

行为人拒不承担前款规定的民事责任的，人民法院可以采取在报刊、网络等媒体上发布公告或者公布生效裁判文书等方式执行，产生的费用由行为人负担。

第一千零一条 对自然人因婚姻家庭关系等产生的身份权利的保护，适用本法第一编、第五编和其他法律的相关规定；没有规定的，可以根据其性质参照适用本编人格权保护的有关规定。

第二章　生命权、身体权和健康权

第一千零二条 自然人享有生命权。自然人的生命安全和生命尊严受法律保护。任何组织或者个人不得侵害他人的生命权。

第一千零三条 自然人享有身体权。自然人的身体完整和行动自由受法律保护。任何组织或者个人不得侵害他人的身体权。

第一千零四条 自然人享有健康权。自然人的身心健康受法律保护。任何组织或者个人不得侵害他人的健康权。

第一千零五条 自然人的生命权、身体权、健康权受到侵害或者处于其他危难情形的，负有法定救助义务的组织或者个人应当及时施救。

第一千零六条 完全民事行为能力人有权依法自主决定无偿捐献其人体细胞、人体组织、人体器官、遗体。任何组织或者个人不得强迫、欺骗、利诱其捐献。

完全民事行为能力人依据前款规定同意捐献的，应当采用书面形式，也可以订立遗嘱。

自然人生前未表示不同意捐献的，该自然人死亡后，其配偶、成年子女、父母可以共同决定捐献，决定捐献应当采用书面形式。

第一千零七条 禁止以任何形式买卖人体细胞、人体组织、人体器官、遗体。

违反前款规定的买卖行为无效。

第一千零八条 为研制新药、医疗器械或者发展新的预防和治疗方法，需要进行临床试验的，应当依法经相关主管部门批准并经伦理委员会审查同意，向受试者或者受试者的监护人告知试验目的、用途和可能产生的风险等详细情况，并经其书面同意。

进行临床试验的，不得向受试者收取试验费用。

第一千零九条 从事与人体基因、人体胚胎等有关的医学和科研活动，应当遵守法律、行政法规和国家有关规定，不得危害人体健康，不得违背伦理道德，不得损害公共利益。

第一千零一十条 违背他人意愿，以言语、文字、图像、肢体行为等方式对他人实施性骚扰的，受害人有权依法请求行为人承担民事责任。

机关、企业、学校等单位应当采取合理的预防、受理投诉、调查处置等措施，防止和制止利用职权、从属关系等实施性骚扰。

第一千零一十一条 以非法拘禁等方式剥夺、限制他人的行动自由，或者非法搜查他人身体的，受害人有权依法请求行为人承担民事责任。

第三章 姓名权和名称权

第一千零一十二条 自然人享有姓名权，有权依法决定、使用、变更或者许可他人使用自己的姓名，但是不得违背公序良俗。

第一千零一十三条 法人、非法人组织享有名称权，有权依法决定、使用、变更、转让或者许可他人使用自己的名称。

第一千零一十四条 任何组织或者个人不得以干涉、盗用、假冒等方式侵害他人的姓名权或者名称权。

第一千零一十五条 自然人应当随父姓或者母姓，但是有下列情形之一的，可以在父姓和母姓之外选取姓氏：

（一）选取其他直系长辈血亲的姓氏；

（二）因由法定扶养人以外的人扶养而选取扶养人姓氏；

（三）有不违背公序良俗的其他正当理由。

少数民族自然人的姓氏可以遵从本民族的文化传统和风俗习惯。

第一千零一十六条 自然人决定、变更姓名，或者法人、非法人组织决定、变更、转让名称的，应当依法向有关机关办理登记手续，但是法律另有规定的除外。

民事主体变更姓名、名称的，变更前实施的民事法律行为对其具有法律约束力。

第一千零一十七条 具有一定社会知名度，被他人使用足以造成公众混淆的笔名、艺名、网名、译名、字号、姓名和名称的简称等，参照适用姓名权和名称权保护的有关规定。

第四章 肖 像 权

第一千零一十八条 自然人享有肖像权，有权依法制作、使用、公开或者许可他人使用自己的肖像。

肖像是通过影像、雕塑、绘画等方式在一定载体上所反映的特定自然人可以被识别的外部形象。

第一千零一十九条 任何组织或者个人不得以丑化、污损，或者利用信息技术手段伪造等方式侵害他人的肖像权。未经肖像权人同意，不得制作、使用、公开肖像权人的肖像，但是法律另有规定的除外。

未经肖像权人同意，肖像作品权利人不得以发表、复制、发行、出租、展览等方式使用或者公开肖像权人的肖像。

第一千零二十条 合理实施下列行为的，可以不经肖像权人同意：

（一）为个人学习、艺术欣赏、课堂教学或者科学研究，在必要范围内使用肖像权人已经公开的肖像；

（二）为实施新闻报道，不可避免地制作、使用、公开肖像权人的肖像；

（三）为依法履行职责，国家机关在必要范围内制作、使用、公开肖像权人的肖像；

（四）为展示特定公共环境，不可避免地制作、使用、公开肖像权人的肖像；

（五）为维护公共利益或者肖像权人合法权益，制作、使用、公开肖像权人的肖像的其他行为。

第一千零二十一条 当事人对肖像许可使用合同中关于肖像使用条款的理解有争议的，应当作出有利于肖像权人的解释。

第一千零二十二条 当事人对肖像许可使用期限没有约定或者约定不明确的，任何一方当事人可以随时解除肖像许可使用合同，但是应当在合理期限之前通知对方。

当事人对肖像许可使用期限有明确约定，肖像权人有正当理由的，可以解除肖像许可使用合同，但是应当在合理期限之前通知对方。因解除合同造成对方损失的，除不可归责于肖像权人的事由外，应当赔偿损失。

第一千零二十三条 对姓名等的许可使用，参照适用肖像许可使用的有关规定。

对自然人声音的保护，参照适用肖像权保护的有关规定。

第五章　名誉权和荣誉权

第一千零二十四条　民事主体享有名誉权。任何组织或者个人不得以侮辱、诽谤等方式侵害他人的名誉权。

名誉是对民事主体的品德、声望、才能、信用等的社会评价。

第一千零二十五条　行为人为公共利益实施新闻报道、舆论监督等行为，影响他人名誉的，不承担民事责任，但是有下列情形之一的除外：

（一）捏造、歪曲事实；

（二）对他人提供的严重失实内容未尽到合理核实义务；

（三）使用侮辱性言辞等贬损他人名誉。

第一千零二十六条　认定行为人是否尽到前条第二项规定的合理核实义务，应当考虑下列因素：

（一）内容来源的可信度；

（二）对明显可能引发争议的内容是否进行了必要的调查；

（三）内容的时限性；

（四）内容与公序良俗的关联性；

（五）受害人名誉受贬损的可能性；

（六）核实能力和核实成本。

第一千零二十七条　行为人发表的文学、艺术作品以真人真事或者特定人为描述对象，含有侮辱、诽谤内容，侵害他人名誉权的，受害人有权依法请求该行为人承担民事责任。

行为人发表的文学、艺术作品不以特定人为描述对象，仅其中的情节与该特定人的情况相似的，不承担民事责任。

第一千零二十八条　民事主体有证据证明报刊、网络等媒体报道的内容失实，侵害其名誉权的，有权请求该媒体及时采取更正或者删除等必要措施。

第一千零二十九条　民事主体可以依法查询自己的信用评价；发现信用评价不当的，有权提出异议并请求采取更正、删除等必要措施。信用评价人应当及时核查，经核查属实的，应当及时采取必要措施。

第一千零三十条 民事主体与征信机构等信用信息处理者之间的关系，适用本编有关个人信息保护的规定和其他法律、行政法规的有关规定。

第一千零三十一条 民事主体享有荣誉权。任何组织或者个人不得非法剥夺他人的荣誉称号，不得诋毁、贬损他人的荣誉。

获得的荣誉称号应当记载而没有记载的，民事主体可以请求记载；获得的荣誉称号记载错误的，民事主体可以请求更正。

第六章 隐私权和个人信息保护

第一千零三十二条 自然人享有隐私权。任何组织或者个人不得以刺探、侵扰、泄露、公开等方式侵害他人的隐私权。

隐私是自然人的私人生活安宁和不愿为他人知晓的私密空间、私密活动、私密信息。

第一千零三十三条 除法律另有规定或者权利人明确同意外，任何组织或者个人不得实施下列行为：

（一）以电话、短信、即时通讯工具、电子邮件、传单等方式侵扰他人的私人生活安宁；

（二）进入、拍摄、窥视他人的住宅、宾馆房间等私密空间；

（三）拍摄、窥视、窃听、公开他人的私密活动；

（四）拍摄、窥视他人身体的私密部位；

（五）处理他人的私密信息；

（六）以其他方式侵害他人的隐私权。

第一千零三十四条 自然人的个人信息受法律保护。

个人信息是以电子或者其他方式记录的能够单独或者与其他信息结合识别特定自然人的各种信息，包括自然人的姓名、出生日期、身份证件号码、生物识别信息、住址、电话号码、电子邮箱、健康信息、行踪信息等。

个人信息中的私密信息，适用有关隐私权的规定；没有规定的，适用有关个人信息保护的规定。

第一千零三十五条 处理个人信息的，应当遵循合法、正当、必要原则，不得过度处理，并符合下列条件：

（一）征得该自然人或者其监护人同意，但是法律、行政法规另有规定的除外；

（二）公开处理信息的规则；

（三）明示处理信息的目的、方式和范围；

（四）不违反法律、行政法规的规定和双方的约定。

个人信息的处理包括个人信息的收集、存储、使用、加工、传输、提供、公开等。

第一千零三十六条 处理个人信息，有下列情形之一的，行为人不承担民事责任：

（一）在该自然人或者其监护人同意的范围内合理实施的行为；

（二）合理处理该自然人自行公开的或者其他已经合法公开的信息，但是该自然人明确拒绝或者处理该信息侵害其重大利益的除外；

（三）为维护公共利益或者该自然人合法权益，合理实施的其他行为。

第一千零三十七条 自然人可以依法向信息处理者查阅或者复制其个人信息；发现信息有错误的，有权提出异议并请求及时采取更正等必要措施。

自然人发现信息处理者违反法律、行政法规的规定或者双方的约定处理其个人信息的，有权请求信息处理者及时删除。

第一千零三十八条 信息处理者不得泄露或者篡改其收集、存储的个人信息；未经自然人同意，不得向他人非法提供其个人信息，但是经过加工无法识别特定个人且不能复原的除外。

信息处理者应当采取技术措施和其他必要措施，确保其收集、存储的个人信息安全，防止信息泄露、篡改、丢失；发生或者可能发生个人信息泄露、篡改、丢失的，应当及时采取补救措施，按照规定告知自然人并向有关主管部门报告。

第一千零三十九条 国家机关、承担行政职能的法定机构及其工作人员对于履行职责过程中知悉的自然人的隐私和个人信息，应当予以保密，不得泄露或者向他人非法提供。

第五编　婚姻家庭

第一章　一般规定

第一千零四十条　本编调整因婚姻家庭产生的民事关系。

第一千零四十一条　婚姻家庭受国家保护。

实行婚姻自由、一夫一妻、男女平等的婚姻制度。

保护妇女、未成年人、老年人、残疾人的合法权益。

第一千零四十二条　禁止包办、买卖婚姻和其他干涉婚姻自由的行为。禁止借婚姻索取财物。

禁止重婚。禁止有配偶者与他人同居。

禁止家庭暴力。禁止家庭成员间的虐待和遗弃。

第一千零四十三条　家庭应当树立优良家风，弘扬家庭美德，重视家庭文明建设。

夫妻应当互相忠实，互相尊重，互相关爱；家庭成员应当敬老爱幼，互相帮助，维护平等、和睦、文明的婚姻家庭关系。

第一千零四十四条　收养应当遵循最有利于被收养人的原则，保障被收养人和收养人的合法权益。

禁止借收养名义买卖未成年人。

第一千零四十五条　亲属包括配偶、血亲和姻亲。

配偶、父母、子女、兄弟姐妹、祖父母、外祖父母、孙子女、外孙子女为近亲属。

配偶、父母、子女和其他共同生活的近亲属为家庭成员。

第二章　结　　婚

第一千零四十六条　结婚应当男女双方完全自愿，禁止任何一方对另一方加以强迫，禁止任何组织或者个人加以干涉。

第一千零四十七条 结婚年龄，男不得早于二十二周岁，女不得早于二十周岁。

第一千零四十八条 直系血亲或者三代以内的旁系血亲禁止结婚。

第一千零四十九条 要求结婚的男女双方应当亲自到婚姻登记机关申请结婚登记。符合本法规定的，予以登记，发给结婚证。完成结婚登记，即确立婚姻关系。未办理结婚登记的，应当补办登记。

第一千零五十条 登记结婚后，按照男女双方约定，女方可以成为男方家庭的成员，男方可以成为女方家庭的成员。

第一千零五十一条 有下列情形之一的，婚姻无效：

（一）重婚；

（二）有禁止结婚的亲属关系；

（三）未到法定婚龄。

第一千零五十二条 因胁迫结婚的，受胁迫的一方可以向人民法院请求撤销婚姻。

请求撤销婚姻的，应当自胁迫行为终止之日起一年内提出。

被非法限制人身自由的当事人请求撤销婚姻的，应当自恢复人身自由之日起一年内提出。

第一千零五十三条 一方患有重大疾病的，应当在结婚登记前如实告知另一方；不如实告知的，另一方可以向人民法院请求撤销婚姻。

请求撤销婚姻的，应当自知道或者应当知道撤销事由之日起一年内提出。

第一千零五十四条 无效的或者被撤销的婚姻自始没有法律约束力，当事人不具有夫妻的权利和义务。同居期间所得的财产，由当事人协议处理；协议不成的，由人民法院根据照顾无过错方的原则判决。对重婚导致的无效婚姻的财产处理，不得侵害合法婚姻当事人的财产权益。当事人所生的子女，适用本法关于父母子女的规定。

婚姻无效或者被撤销的，无过错方有权请求损害赔偿。

第三章　家庭关系

第一节　夫妻关系

第一千零五十五条　夫妻在婚姻家庭中地位平等。

第一千零五十六条　夫妻双方都有各自使用自己姓名的权利。

第一千零五十七条　夫妻双方都有参加生产、工作、学习和社会活动的自由，一方不得对另一方加以限制或者干涉。

第一千零五十八条　夫妻双方平等享有对未成年子女抚养、教育和保护的权利，共同承担对未成年子女抚养、教育和保护的义务。

第一千零五十九条　夫妻有相互扶养的义务。

需要扶养的一方，在另一方不履行扶养义务时，有要求其给付扶养费的权利。

第一千零六十条　夫妻一方因家庭日常生活需要而实施的民事法律行为，对夫妻双方发生效力，但是夫妻一方与相对人另有约定的除外。

夫妻之间对一方可以实施的民事法律行为范围的限制，不得对抗善意相对人。

第一千零六十一条　夫妻有相互继承遗产的权利。

第一千零六十二条　夫妻在婚姻关系存续期间所得的下列财产，为夫妻的共同财产，归夫妻共同所有：

（一）工资、奖金、劳务报酬；

（二）生产、经营、投资的收益；

（三）知识产权的收益；

（四）继承或者受赠的财产，但是本法第一千零六十三条第三项规定的除外；

（五）其他应当归共同所有的财产。

夫妻对共同财产，有平等的处理权。

第一千零六十三条　下列财产为夫妻一方的个人财产：

（一）一方的婚前财产；

（二）一方因受到人身损害获得的赔偿或者补偿；

（三）遗嘱或者赠与合同中确定只归一方的财产；

（四）一方专用的生活用品；

（五）其他应当归一方的财产。

第一千零六十四条 夫妻双方共同签名或者夫妻一方事后追认等共同意思表示所负的债务，以及夫妻一方在婚姻关系存续期间以个人名义为家庭日常生活需要所负的债务，属于夫妻共同债务。

夫妻一方在婚姻关系存续期间以个人名义超出家庭日常生活需要所负的债务，不属于夫妻共同债务；但是，债权人能够证明该债务用于夫妻共同生活、共同生产经营或者基于夫妻双方共同意思表示的除外。

第一千零六十五条 男女双方可以约定婚姻关系存续期间所得的财产以及婚前财产归各自所有、共同所有或者部分各自所有、部分共同所有。约定应当采用书面形式。没有约定或者约定不明确的，适用本法第一千零六十二条、第一千零六十三条的规定。

夫妻对婚姻关系存续期间所得的财产以及婚前财产的约定，对双方具有法律约束力。

夫妻对婚姻关系存续期间所得的财产约定归各自所有，夫或者妻一方对外所负的债务，相对人知道该约定的，以夫或者妻一方的个人财产清偿。

第一千零六十六条 婚姻关系存续期间，有下列情形之一的，夫妻一方可以向人民法院请求分割共同财产：

（一）一方有隐藏、转移、变卖、毁损、挥霍夫妻共同财产或者伪造夫妻共同债务等严重损害夫妻共同财产利益的行为；

（二）一方负有法定扶养义务的人患重大疾病需要医治，另一方不同意支付相关医疗费用。

第二节 父母子女关系和其他近亲属关系

第一千零六十七条 父母不履行抚养义务的，未成年子女或者不能独立生活的成年子女，有要求父母给付抚养费的权利。

成年子女不履行赡养义务的，缺乏劳动能力或者生活困难的父母，有要求成年子女给付赡养费的权利。

第一千零六十八条 父母有教育、保护未成年子女的权利和义务。未成年子女造成他人损害的，父母应当依法承担民事责任。

第一千零六十九条 子女应当尊重父母的婚姻权利，不得干涉父母离婚、再婚以及婚后的生活。子女对父母的赡养义务，不因父母的婚姻关系变化而终止。

第一千零七十条 父母和子女有相互继承遗产的权利。

第一千零七十一条 非婚生子女享有与婚生子女同等的权利，任何组织或者个人不得加以危害和歧视。

不直接抚养非婚生子女的生父或者生母，应当负担未成年子女或者不能独立生活的成年子女的抚养费。

第一千零七十二条 继父母与继子女间，不得虐待或者歧视。

继父或者继母和受其抚养教育的继子女间的权利义务关系，适用本法关于父母子女关系的规定。

第一千零七十三条 对亲子关系有异议且有正当理由的，父或者母可以向人民法院提起诉讼，请求确认或者否认亲子关系。

对亲子关系有异议且有正当理由的，成年子女可以向人民法院提起诉讼，请求确认亲子关系。

第一千零七十四条 有负担能力的祖父母、外祖父母，对于父母已经死亡或者父母无力抚养的未成年孙子女、外孙子女，有抚养的义务。

有负担能力的孙子女、外孙子女，对于子女已经死亡或者子女无力赡养的祖父母、外祖父母，有赡养的义务。

第一千零七十五条 有负担能力的兄、姐，对于父母已经死亡或者父母无力抚养的未成年弟、妹，有扶养的义务。

由兄、姐扶养长大的有负担能力的弟、妹，对于缺乏劳动能力又缺乏生活来源的兄、姐，有扶养的义务。

第四章　离　　婚

第一千零七十六条 夫妻双方自愿离婚的，应当签订书面离婚协议，并亲自到婚姻登记机关申请离婚登记。

离婚协议应当载明双方自愿离婚的意思表示和对子女抚养、财产以及债务处理等事项协商一致的意见。

第一千零七十七条　自婚姻登记机关收到离婚登记申请之日起三十日内，任何一方不愿意离婚的，可以向婚姻登记机关撤回离婚登记申请。

前款规定期限届满后三十日内，双方应当亲自到婚姻登记机关申请发给离婚证；未申请的，视为撤回离婚登记申请。

第一千零七十八条　婚姻登记机关查明双方确实是自愿离婚，并已经对子女抚养、财产以及债务处理等事项协商一致的，予以登记，发给离婚证。

第一千零七十九条　夫妻一方要求离婚的，可以由有关组织进行调解或者直接向人民法院提起离婚诉讼。

人民法院审理离婚案件，应当进行调解；如果感情确已破裂，调解无效的，应当准予离婚。

有下列情形之一，调解无效的，应当准予离婚：

（一）重婚或者与他人同居；

（二）实施家庭暴力或者虐待、遗弃家庭成员；

（三）有赌博、吸毒等恶习屡教不改；

（四）因感情不和分居满二年；

（五）其他导致夫妻感情破裂的情形。

一方被宣告失踪，另一方提起离婚诉讼的，应当准予离婚。

经人民法院判决不准离婚后，双方又分居满一年，一方再次提起离婚诉讼的，应当准予离婚。

第一千零八十条　完成离婚登记，或者离婚判决书、调解书生效，即解除婚姻关系。

第一千零八十一条　现役军人的配偶要求离婚，应当征得军人同意，但是军人一方有重大过错的除外。

第一千零八十二条　女方在怀孕期间、分娩后一年内或者终止妊娠后六个月内，男方不得提出离婚；但是，女方提出离婚或者人民法院认为确有必要受理男方离婚请求的除外。

第一千零八十三条 离婚后，男女双方自愿恢复婚姻关系的，应当到婚姻登记机关重新进行结婚登记。

第一千零八十四条 父母与子女间的关系，不因父母离婚而消除。离婚后，子女无论由父或者母直接抚养，仍是父母双方的子女。

离婚后，父母对于子女仍有抚养、教育、保护的权利和义务。

离婚后，不满两周岁的子女，以由母亲直接抚养为原则。已满两周岁的子女，父母双方对抚养问题协议不成的，由人民法院根据双方的具体情况，按照最有利于未成年子女的原则判决。子女已满八周岁的，应当尊重其真实意愿。

第一千零八十五条 离婚后，子女由一方直接抚养的，另一方应当负担部分或者全部抚养费。负担费用的多少和期限的长短，由双方协议；协议不成的，由人民法院判决。

前款规定的协议或者判决，不妨碍子女在必要时向父母任何一方提出超过协议或者判决原定数额的合理要求。

第一千零八十六条 离婚后，不直接抚养子女的父或者母，有探望子女的权利，另一方有协助的义务。

行使探望权利的方式、时间由当事人协议；协议不成的，由人民法院判决。

父或者母探望子女，不利于子女身心健康的，由人民法院依法中止探望；中止的事由消失后，应当恢复探望。

第一千零八十七条 离婚时，夫妻的共同财产由双方协议处理；协议不成的，由人民法院根据财产的具体情况，按照照顾子女、女方和无过错方权益的原则判决。

对夫或者妻在家庭土地承包经营中享有的权益等，应当依法予以保护。

第一千零八十八条 夫妻一方因抚育子女、照料老年人、协助另一方工作等负担较多义务的，离婚时有权向另一方请求补偿，另一方应当给予补偿。具体办法由双方协议；协议不成的，由人民法院判决。

第一千零八十九条 离婚时，夫妻共同债务应当共同偿还。共同财产不足清偿或者财产归各自所有的，由双方协议清偿；协议不成的，由人民法院判决。

第一千零九十条 离婚时，如果一方生活困难，有负担能力的另一方应当给予适当帮助。具体办法由双方协议；协议不成的，由人民法院判决。

第一千零九十一条 有下列情形之一，导致离婚的，无过错方有权请求损害赔偿：

（一）重婚；

（二）与他人同居；

（三）实施家庭暴力；

（四）虐待、遗弃家庭成员；

（五）有其他重大过错。

第一千零九十二条 夫妻一方隐藏、转移、变卖、毁损、挥霍夫妻共同财产，或者伪造夫妻共同债务企图侵占另一方财产的，在离婚分割夫妻共同财产时，对该方可以少分或者不分。离婚后，另一方发现有上述行为的，可以向人民法院提起诉讼，请求再次分割夫妻共同财产。

第五章　收　　养

第一节　收养关系的成立

第一千零九十三条 下列未成年人，可以被收养：

（一）丧失父母的孤儿；

（二）查找不到生父母的未成年人；

（三）生父母有特殊困难无力抚养的子女。

第一千零九十四条 下列个人、组织可以作送养人：

（一）孤儿的监护人；

（二）儿童福利机构；

（三）有特殊困难无力抚养子女的生父母。

第一千零九十五条 未成年人的父母均不具备完全民事行为能力且

可能严重危害该未成年人的，该未成年人的监护人可以将其送养。

第一千零九十六条 监护人送养孤儿的，应当征得有抚养义务的人同意。有抚养义务的人不同意送养、监护人不愿意继续履行监护职责的，应当依照本法第一编的规定另行确定监护人。

第一千零九十七条 生父母送养子女，应当双方共同送养。生父母一方不明或者查找不到的，可以单方送养。

第一千零九十八条 收养人应当同时具备下列条件：

（一）无子女或者只有一名子女；

（二）有抚养、教育和保护被收养人的能力；

（三）未患有在医学上认为不应当收养子女的疾病；

（四）无不利于被收养人健康成长的违法犯罪记录；

（五）年满三十周岁。

第一千零九十九条 收养三代以内旁系同辈血亲的子女，可以不受本法第一千零九十三条第三项、第一千零九十四条第三项和第一千一百零二条规定的限制。

华侨收养三代以内旁系同辈血亲的子女，还可以不受本法第一千零九十八条第一项规定的限制。

第一千一百条 无子女的收养人可以收养两名子女；有子女的收养人只能收养一名子女。

收养孤儿、残疾未成年人或者儿童福利机构抚养的查找不到生父母的未成年人，可以不受前款和本法第一千零九十八条第一项规定的限制。

第一千一百零一条 有配偶者收养子女，应当夫妻共同收养。

第一千一百零二条 无配偶者收养异性子女的，收养人与被收养人的年龄应当相差四十周岁以上。

第一千一百零三条 继父或者继母经继子女的生父母同意，可以收养继子女，并可以不受本法第一千零九十三条第三项、第一千零九十四条第三项、第一千零九十八条和第一千一百条第一款规定的限制。

第一千一百零四条 收养人收养与送养人送养，应当双方自愿。收养八周岁以上未成年人的，应当征得被收养人的同意。

第一千一百零五条 收养应当向县级以上人民政府民政部门登记。收养关系自登记之日起成立。

收养查找不到生父母的未成年人的，办理登记的民政部门应当在登记前予以公告。

收养关系当事人愿意签订收养协议的，可以签订收养协议。

收养关系当事人各方或者一方要求办理收养公证的，应当办理收养公证。

县级以上人民政府民政部门应当依法进行收养评估。

第一千一百零六条 收养关系成立后，公安机关应当按照国家有关规定为被收养人办理户口登记。

第一千一百零七条 孤儿或者生父母无力抚养的子女，可以由生父母的亲属、朋友抚养；抚养人与被抚养人的关系不适用本章规定。

第一千一百零八条 配偶一方死亡，另一方送养未成年子女的，死亡一方的父母有优先抚养的权利。

第一千一百零九条 外国人依法可以在中华人民共和国收养子女。

外国人在中华人民共和国收养子女，应当经其所在国主管机关依照该国法律审查同意。收养人应当提供由其所在国有权机构出具的有关其年龄、婚姻、职业、财产、健康、有无受过刑事处罚等状况的证明材料，并与送养人签订书面协议，亲自向省、自治区、直辖市人民政府民政部门登记。

前款规定的证明材料应当经收养人所在国外交机关或者外交机关授权的机构认证，并经中华人民共和国驻该国使领馆认证，但是国家另有规定的除外。

第一千一百一十条 收养人、送养人要求保守收养秘密的，其他人应当尊重其意愿，不得泄露。

第二节　收养的效力

第一千一百一十一条 自收养关系成立之日起，养父母与养子女间的权利义务关系，适用本法关于父母子女关系的规定；养子女与养父母的近亲属间的权利义务关系，适用本法关于子女与父母的近亲属关系的规定。

养子女与生父母以及其他近亲属间的权利义务关系，因收养关系的成立而消除。

第一千一百一十二条 养子女可以随养父或者养母的姓氏，经当事人协商一致，也可以保留原姓氏。

第一千一百一十三条 有本法第一编关于民事法律行为无效规定情形或者违反本编规定的收养行为无效。

无效的收养行为自始没有法律约束力。

第三节 收养关系的解除

第一千一百一十四条 收养人在被收养人成年以前，不得解除收养关系，但是收养人、送养人双方协议解除的除外。养子女八周岁以上的，应当征得本人同意。

收养人不履行抚养义务，有虐待、遗弃等侵害未成年养子女合法权益行为的，送养人有权要求解除养父母与养子女间的收养关系。送养人、收养人不能达成解除收养关系协议的，可以向人民法院提起诉讼。

第一千一百一十五条 养父母与成年养子女关系恶化、无法共同生活的，可以协议解除收养关系。不能达成协议的，可以向人民法院提起诉讼。

第一千一百一十六条 当事人协议解除收养关系的，应当到民政部门办理解除收养关系登记。

第一千一百一十七条 收养关系解除后，养子女与养父母以及其他近亲属间的权利义务关系即行消除，与生父母以及其他近亲属间的权利义务关系自行恢复。但是，成年养子女与生父母以及其他近亲属间的权利义务关系是否恢复，可以协商确定。

第一千一百一十八条 收养关系解除后，经养父母抚养的成年养子女，对缺乏劳动能力又缺乏生活来源的养父母，应当给付生活费。因养子女成年后虐待、遗弃养父母而解除收养关系的，养父母可以要求养子女补偿收养期间支出的抚养费。

生父母要求解除收养关系的，养父母可以要求生父母适当补偿收养期间支出的抚养费；但是，因养父母虐待、遗弃养子女而解除收养关系的除外。

第六编　继　　承

第一章　一般规定

第一千一百一十九条　本编调整因继承产生的民事关系。

第一千一百二十条　国家保护自然人的继承权。

第一千一百二十一条　继承从被继承人死亡时开始。

相互有继承关系的数人在同一事件中死亡，难以确定死亡时间的，推定没有其他继承人的人先死亡。都有其他继承人，辈份不同的，推定长辈先死亡；辈份相同的，推定同时死亡，相互不发生继承。

第一千一百二十二条　遗产是自然人死亡时遗留的个人合法财产。

依照法律规定或者根据其性质不得继承的遗产，不得继承。

第一千一百二十三条　继承开始后，按照法定继承办理；有遗嘱的，按照遗嘱继承或者遗赠办理；有遗赠扶养协议的，按照协议办理。

第一千一百二十四条　继承开始后，继承人放弃继承的，应当在遗产处理前，以书面形式作出放弃继承的表示；没有表示的，视为接受继承。

受遗赠人应当在知道受遗赠后六十日内，作出接受或者放弃受遗赠的表示；到期没有表示的，视为放弃受遗赠。

第一千一百二十五条　继承人有下列行为之一的，丧失继承权：

（一）故意杀害被继承人；

（二）为争夺遗产而杀害其他继承人；

（三）遗弃被继承人，或者虐待被继承人情节严重；

（四）伪造、篡改、隐匿或者销毁遗嘱，情节严重；

（五）以欺诈、胁迫手段迫使或者妨碍被继承人设立、变更或者撤回遗嘱，情节严重。

继承人有前款第三项至第五项行为，确有悔改表现，被继承人表示宽恕或者事后在遗嘱中将其列为继承人的，该继承人不丧失继承权。

受遗赠人有本条第一款规定行为的，丧失受遗赠权。

第二章　法定继承

第一千一百二十六条　继承权男女平等。

第一千一百二十七条　遗产按照下列顺序继承：

（一）第一顺序：配偶、子女、父母；

（二）第二顺序：兄弟姐妹、祖父母、外祖父母。

继承开始后，由第一顺序继承人继承，第二顺序继承人不继承；没有第一顺序继承人继承的，由第二顺序继承人继承。

本编所称子女，包括婚生子女、非婚生子女、养子女和有扶养关系的继子女。

本编所称父母，包括生父母、养父母和有扶养关系的继父母。

本编所称兄弟姐妹，包括同父母的兄弟姐妹、同父异母或者同母异父的兄弟姐妹、养兄弟姐妹、有扶养关系的继兄弟姐妹。

第一千一百二十八条　被继承人的子女先于被继承人死亡的，由被继承人的子女的直系晚辈血亲代位继承。

被继承人的兄弟姐妹先于被继承人死亡的，由被继承人的兄弟姐妹的子女代位继承。

代位继承人一般只能继承被代位继承人有权继承的遗产份额。

第一千一百二十九条　丧偶儿媳对公婆，丧偶女婿对岳父母，尽了主要赡养义务的，作为第一顺序继承人。

第一千一百三十条　同一顺序继承人继承遗产的份额，一般应当均等。

对生活有特殊困难又缺乏劳动能力的继承人，分配遗产时，应当予以照顾。

对被继承人尽了主要扶养义务或者与被继承人共同生活的继承人，分配遗产时，可以多分。

有扶养能力和有扶养条件的继承人，不尽扶养义务的，分配遗产时，应当不分或者少分。

继承人协商同意的，也可以不均等。

第一千一百三十一条 对继承人以外的依靠被继承人扶养的人，或者继承人以外的对被继承人扶养较多的人，可以分给适当的遗产。

第一千一百三十二条 继承人应当本着互谅互让、和睦团结的精神，协商处理继承问题。遗产分割的时间、办法和份额，由继承人协商确定；协商不成的，可以由人民调解委员会调解或者向人民法院提起诉讼。

第三章 遗嘱继承和遗赠

第一千一百三十三条 自然人可以依照本法规定立遗嘱处分个人财产，并可以指定遗嘱执行人。

自然人可以立遗嘱将个人财产指定由法定继承人中的一人或者数人继承。

自然人可以立遗嘱将个人财产赠与国家、集体或者法定继承人以外的组织、个人。

自然人可以依法设立遗嘱信托。

第一千一百三十四条 自书遗嘱由遗嘱人亲笔书写，签名，注明年、月、日。

第一千一百三十五条 代书遗嘱应当有两个以上见证人在场见证，由其中一人代书，并由遗嘱人、代书人和其他见证人签名，注明年、月、日。

第一千一百三十六条 打印遗嘱应当有两个以上见证人在场见证。遗嘱人和见证人应当在遗嘱每一页签名，注明年、月、日。

第一千一百三十七条 以录音录像形式立的遗嘱，应当有两个以上见证人在场见证。遗嘱人和见证人应当在录音录像中记录其姓名或者肖像，以及年、月、日。

第一千一百三十八条 遗嘱人在危急情况下，可以立口头遗嘱。口头遗嘱应当有两个以上见证人在场见证。危急情况消除后，遗嘱人能够以书面或者录音录像形式立遗嘱的，所立的口头遗嘱无效。

第一千一百三十九条 公证遗嘱由遗嘱人经公证机构办理。

第一千一百四十条 下列人员不能作为遗嘱见证人：

（一）无民事行为能力人、限制民事行为能力人以及其他不具有见证能力的人；

（二）继承人、受遗赠人；

（三）与继承人、受遗赠人有利害关系的人。

第一千一百四十一条 遗嘱应当为缺乏劳动能力又没有生活来源的继承人保留必要的遗产份额。

第一千一百四十二条 遗嘱人可以撤回、变更自己所立的遗嘱。

立遗嘱后，遗嘱人实施与遗嘱内容相反的民事法律行为的，视为对遗嘱相关内容的撤回。

立有数份遗嘱，内容相抵触的，以最后的遗嘱为准。

第一千一百四十三条 无民事行为能力人或者限制民事行为能力人所立的遗嘱无效。

遗嘱必须表示遗嘱人的真实意思，受欺诈、胁迫所立的遗嘱无效。

伪造的遗嘱无效。

遗嘱被篡改的，篡改的内容无效。

第一千一百四十四条 遗嘱继承或者遗赠附有义务的，继承人或者受遗赠人应当履行义务。没有正当理由不履行义务的，经利害关系人或者有关组织请求，人民法院可以取消其接受附义务部分遗产的权利。

第四章 遗产的处理

第一千一百四十五条 继承开始后，遗嘱执行人为遗产管理人；没有遗嘱执行人的，继承人应当及时推选遗产管理人；继承人未推选的，由继承人共同担任遗产管理人；没有继承人或者继承人均放弃继承的，由被继承人生前住所地的民政部门或者村民委员会担任遗产管理人。

第一千一百四十六条 对遗产管理人的确定有争议的，利害关系人可以向人民法院申请指定遗产管理人。

第一千一百四十七条 遗产管理人应当履行下列职责：

（一）清理遗产并制作遗产清单；

（二）向继承人报告遗产情况；

（三）采取必要措施防止遗产毁损、灭失；

（四）处理被继承人的债权债务；

（五）按照遗嘱或者依照法律规定分割遗产；

（六）实施与管理遗产有关的其他必要行为。

第一千一百四十八条 遗产管理人应当依法履行职责，因故意或者重大过失造成继承人、受遗赠人、债权人损害的，应当承担民事责任。

第一千一百四十九条 遗产管理人可以依照法律规定或者按照约定获得报酬。

第一千一百五十条 继承开始后，知道被继承人死亡的继承人应当及时通知其他继承人和遗嘱执行人。继承人中无人知道被继承人死亡或者知道被继承人死亡而不能通知的，由被继承人生前所在单位或者住所地的居民委员会、村民委员会负责通知。

第一千一百五十一条 存有遗产的人，应当妥善保管遗产，任何组织或者个人不得侵吞或者争抢。

第一千一百五十二条 继承开始后，继承人于遗产分割前死亡，并没有放弃继承的，该继承人应当继承的遗产转给其继承人，但是遗嘱另有安排的除外。

第一千一百五十三条 夫妻共同所有的财产，除有约定的外，遗产分割时，应当先将共同所有的财产的一半分出为配偶所有，其余的为被继承人的遗产。

遗产在家庭共有财产之中的，遗产分割时，应当先分出他人的财产。

第一千一百五十四条 有下列情形之一的，遗产中的有关部分按照法定继承办理：

（一）遗嘱继承人放弃继承或者受遗赠人放弃受遗赠；

（二）遗嘱继承人丧失继承权或者受遗赠人丧失受遗赠权；

（三）遗嘱继承人、受遗赠人先于遗嘱人死亡或者终止；

（四）遗嘱无效部分所涉及的遗产；

（五）遗嘱未处分的遗产。

第一千一百五十五条 遗产分割时，应当保留胎儿的继承份额。胎儿娩出时是死体的，保留的份额按照法定继承办理。

第一千一百五十六条 遗产分割应当有利于生产和生活需要，不损害遗产的效用。

不宜分割的遗产，可以采取折价、适当补偿或者共有等方法处理。

第一千一百五十七条 夫妻一方死亡后另一方再婚的，有权处分所继承的财产，任何组织或者个人不得干涉。

第一千一百五十八条 自然人可以与继承人以外的组织或者个人签订遗赠扶养协议。按照协议，该组织或者个人承担该自然人生养死葬的义务，享有受遗赠的权利。

第一千一百五十九条 分割遗产，应当清偿被继承人依法应当缴纳的税款和债务；但是，应当为缺乏劳动能力又没有生活来源的继承人保留必要的遗产。

第一千一百六十条 无人继承又无人受遗赠的遗产，归国家所有，用于公益事业；死者生前是集体所有制组织成员的，归所在集体所有制组织所有。

第一千一百六十一条 继承人以所得遗产实际价值为限清偿被继承人依法应当缴纳的税款和债务。超过遗产实际价值部分，继承人自愿偿还的不在此限。

继承人放弃继承的，对被继承人依法应当缴纳的税款和债务可以不负清偿责任。

第一千一百六十二条 执行遗赠不得妨碍清偿遗赠人依法应当缴纳的税款和债务。

第一千一百六十三条 既有法定继承又有遗嘱继承、遗赠的，由法定继承人清偿被继承人依法应当缴纳的税款和债务；超过法定继承遗产实际价值部分，由遗嘱继承人和受遗赠人按比例以所得遗产清偿。

……

3. 中华人民共和国反家庭暴力法

（2015 年 12 月 27 日第十二届全国人民代表大会常务委员会第十八次会议通过　2015 年 12 月 27 日中华人民共和国主席令第 37 号公布　自 2016 年 3 月 1 日起施行）

目　　录

第一章　总　　则

第一条　为了预防和制止家庭暴力，保护家庭成员的合法权益，维护平等、和睦、文明的家庭关系，促进家庭和谐、社会稳定，制定本法。

第二条　本法所称家庭暴力，是指家庭成员之间以殴打、捆绑、残害、限制人身自由以及经常性谩骂、恐吓等方式实施的身体、精神等侵害行为。

第三条　家庭成员之间应当互相帮助，互相关爱，和睦相处，履行家庭义务。

反家庭暴力是国家、社会和每个家庭的共同责任。

国家禁止任何形式的家庭暴力。

第四条 县级以上人民政府负责妇女儿童工作的机构，负责组织、协调、指导、督促有关部门做好反家庭暴力工作。

县级以上人民政府有关部门、司法机关、人民团体、社会组织、居民委员会、村民委员会、企业事业单位，应当依照本法和有关法律规定，做好反家庭暴力工作。

各级人民政府应当对反家庭暴力工作给予必要的经费保障。

第五条 反家庭暴力工作遵循预防为主，教育、矫治与惩处相结合原则。

反家庭暴力工作应当尊重受害人真实意愿，保护当事人隐私。

未成年人、老年人、残疾人、孕期和哺乳期的妇女、重病患者遭受家庭暴力的，应当给予特殊保护。

第二章 家庭暴力的预防

第六条 国家开展家庭美德宣传教育，普及反家庭暴力知识，增强公民反家庭暴力意识。

工会、共产主义青年团、妇女联合会、残疾人联合会应当在各自工作范围内，组织开展家庭美德和反家庭暴力宣传教育。

广播、电视、报刊、网络等应当开展家庭美德和反家庭暴力宣传。

学校、幼儿园应当开展家庭美德和反家庭暴力教育。

第七条 县级以上人民政府有关部门、司法机关、妇女联合会应当将预防和制止家庭暴力纳入业务培训和统计工作。

医疗机构应当做好家庭暴力受害人的诊疗记录。

第八条 乡镇人民政府、街道办事处应当组织开展家庭暴力预防工作，居民委员会、村民委员会、社会工作服务机构应当予以配合协助。

第九条 各级人民政府应当支持社会工作服务机构等社会组织开展心理健康咨询、家庭关系指导、家庭暴力预防知识教育等服务。

第十条 人民调解组织应当依法调解家庭纠纷，预防和减少家庭暴力的发生。

第十一条 用人单位发现本单位人员有家庭暴力情况的，应当给予批评教育，并做好家庭矛盾的调解、化解工作。

第十二条 未成年人的监护人应当以文明的方式进行家庭教育，依法履行监护和教育职责，不得实施家庭暴力。

第三章 家庭暴力的处置

第十三条 家庭暴力受害人及其法定代理人、近亲属可以向加害人或者受害人所在单位、居民委员会、村民委员会、妇女联合会等单位投诉、反映或者求助。有关单位接到家庭暴力投诉、反映或者求助后，应当给予帮助、处理。

家庭暴力受害人及其法定代理人、近亲属也可以向公安机关报案或者依法向人民法院起诉。

单位、个人发现正在发生的家庭暴力行为，有权及时劝阻。

第十四条 学校、幼儿园、医疗机构、居民委员会、村民委员会、社会工作服务机构、救助管理机构、福利机构及其工作人员在工作中发现无民事行为能力人、限制民事行为能力人遭受或者疑似遭受家庭暴力的，应当及时向公安机关报案。公安机关应当对报案人的信息予以保密。

第十五条 公安机关接到家庭暴力报案后应当及时出警，制止家庭暴力，按照有关规定调查取证，协助受害人就医、鉴定伤情。

无民事行为能力人、限制民事行为能力人因家庭暴力身体受到严重伤害、面临人身安全威胁或者处于无人照料等危险状态的，公安机关应当通知并协助民政部门将其安置到临时庇护场所、救助管理机构或者福利机构。

第十六条 家庭暴力情节较轻，依法不给予治安管理处罚的，由公安机关对加害人给予批评教育或者出具告诫书。

告诫书应当包括加害人的身份信息、家庭暴力的事实陈述、禁止加害人实施家庭暴力等内容。

第十七条 公安机关应当将告诫书送交加害人、受害人，并通知居民委员会、村民委员会。

居民委员会、村民委员会、公安派出所应当对收到告诫书的加害人、受害人进行查访，监督加害人不再实施家庭暴力。

第十八条 县级或者设区的市级人民政府可以单独或者依托救助管理机构设立临时庇护场所，为家庭暴力受害人提供临时生活帮助。

第十九条 法律援助机构应当依法为家庭暴力受害人提供法律援助。

人民法院应当依法对家庭暴力受害人缓收、减收或者免收诉讼费用。

第二十条 人民法院审理涉及家庭暴力的案件，可以根据公安机关出警记录、告诫书、伤情鉴定意见等证据，认定家庭暴力事实。

第二十一条 监护人实施家庭暴力严重侵害被监护人合法权益的，人民法院可以根据被监护人的近亲属、居民委员会、村民委员会、县级人民政府民政部门等有关人员或者单位的申请，依法撤销其监护人资格，另行指定监护人。

被撤销监护人资格的加害人，应当继续负担相应的赡养、扶养、抚养费用。

第二十二条 工会、共产主义青年团、妇女联合会、残疾人联合会、居民委员会、村民委员会等应当对实施家庭暴力的加害人进行法治教育，必要时可以对加害人、受害人进行心理辅导。

第四章 人身安全保护令

第二十三条 当事人因遭受家庭暴力或者面临家庭暴力的现实危险，向人民法院申请人身安全保护令的，人民法院应当受理。

当事人是无民事行为能力人、限制民事行为能力人，或者因受到强制、威吓等原因无法申请人身安全保护令的，其近亲属、公安机关、妇女联合会、居民委员会、村民委员会、救助管理机构可以代为申请。

第二十四条 申请人身安全保护令应当以书面方式提出；书面申请确有困难的，可以口头申请，由人民法院记入笔录。

第二十五条 人身安全保护令案件由申请人或者被申请人居住地、

家庭暴力发生地的基层人民法院管辖。

第二十六条 人身安全保护令由人民法院以裁定形式作出。

第二十七条 作出人身安全保护令，应当具备下列条件：

（一）有明确的被申请人；

（二）有具体的请求；

（三）有遭受家庭暴力或者面临家庭暴力现实危险的情形。

第二十八条 人民法院受理申请后，应当在七十二小时内作出人身安全保护令或者驳回申请；情况紧急的，应当在二十四小时内作出。

第二十九条 人身安全保护令可以包括下列措施：

（一）禁止被申请人实施家庭暴力；

（二）禁止被申请人骚扰、跟踪、接触申请人及其相关近亲属；

（三）责令被申请人迁出申请人住所；

（四）保护申请人人身安全的其他措施。

第三十条 人身安全保护令的有效期不超过六个月，自作出之日起生效。人身安全保护令失效前，人民法院可以根据申请人的申请撤销、变更或者延长。

第三十一条 申请人对驳回申请不服或者被申请人对人身安全保护令不服的，可以自裁定生效之日起五日内向作出裁定的人民法院申请复议一次。人民法院依法作出人身安全保护令的，复议期间不停止人身安全保护令的执行。

第三十二条 人民法院作出人身安全保护令后，应当送达申请人、被申请人、公安机关以及居民委员会、村民委员会等有关组织。人身安全保护令由人民法院执行，公安机关以及居民委员会、村民委员会等应当协助执行。

第五章 法律责任

第三十三条 加害人实施家庭暴力，构成违反治安管理行为的，依法给予治安管理处罚；构成犯罪的，依法追究刑事责任。

第三十四条 被申请人违反人身安全保护令，构成犯罪的，依法追究刑事责任；尚不构成犯罪的，人民法院应当给予训诫，可以根据情节轻重处以一千元以下罚款、十五日以下拘留。

第三十五条 学校、幼儿园、医疗机构、居民委员会、村民委员会、社会工作服务机构、救助管理机构、福利机构及其工作人员未依照本法第十四条规定向公安机关报案，造成严重后果的，由上级主管部门或者本单位对直接负责的主管人员和其他直接责任人员依法给予处分。

第三十六条 负有反家庭暴力职责的国家工作人员玩忽职守、滥用职权、徇私舞弊的，依法给予处分；构成犯罪的，依法追究刑事责任。

第六章 附 则

第三十七条 家庭成员以外共同生活的人之间实施的暴力行为，参照本法规定执行。

第三十八条 本法自 2016 年 3 月 1 日起施行。

4. 女职工劳动保护特别规定

（2012年4月18日国务院第200次常务会议通过　2012年4月28日中华人民共和国国务院令第619号公布　自公布之日起施行）

第一条　为了减少和解决女职工在劳动中因生理特点造成的特殊困难，保护女职工健康，制定本规定。

第二条　中华人民共和国境内的国家机关、企业、事业单位、社会团体、个体经济组织以及其他社会组织等用人单位及其女职工，适用本规定。

第三条　用人单位应当加强女职工劳动保护，采取措施改善女职工劳动安全卫生条件，对女职工进行劳动安全卫生知识培训。

第四条　用人单位应当遵守女职工禁忌从事的劳动范围的规定。用人单位应当将本单位属于女职工禁忌从事的劳动范围的岗位书面告知女职工。

女职工禁忌从事的劳动范围由本规定附录列示。国务院安全生产监督管理部门会同国务院人力资源社会保障行政部门、国务院卫生行政部门根据经济社会发展情况，对女职工禁忌从事的劳动范围进行调整。

第五条　用人单位不得因女职工怀孕、生育、哺乳降低其工资、予以辞退、与其解除劳动或者聘用合同。

第六条　女职工在孕期不能适应原劳动的，用人单位应当根据医疗机构的证明，予以减轻劳动量或者安排其他能够适应的劳动。

对怀孕7个月以上的女职工，用人单位不得延长劳动时间或者安排夜班劳动，并应当在劳动时间内安排一定的休息时间。

怀孕女职工在劳动时间内进行产前检查，所需时间计入劳动时间。

第七条　女职工生育享受98天产假，其中产前可以休假15天；难产的，增加产假 15 天；生育多胞胎的，每多生育 1 个婴儿，增加产假 15 天。

女职工怀孕未满 4 个月流产的，享受 15 天产假；怀孕满 4 个月流产的，享受 42 天产假。

第八条 女职工产假期间的生育津贴，对已经参加生育保险的，按照用人单位上年度职工月平均工资的标准由生育保险基金支付；对未参加生育保险的，按照女职工产假前工资的标准由用人单位支付。

女职工生育或者流产的医疗费用，按照生育保险规定的项目和标准，对已经参加生育保险的，由生育保险基金支付；对未参加生育保险的，由用人单位支付。

第九条 对哺乳未满 1 周岁婴儿的女职工，用人单位不得延长劳动时间或者安排夜班劳动。

用人单位应当在每天的劳动时间内为哺乳期女职工安排 1 小时哺乳时间；女职工生育多胞胎的，每多哺乳 1 个婴儿每天增加 1 小时哺乳时间。

第十条 女职工比较多的用人单位应当根据女职工的需要，建立女职工卫生室、孕妇休息室、哺乳室等设施，妥善解决女职工在生理卫生、哺乳方面的困难。

第十一条 在劳动场所，用人单位应当预防和制止对女职工的性骚扰。

第十二条 县级以上人民政府人力资源社会保障行政部门、安全生产监督管理部门按照各自职责负责对用人单位遵守本规定的情况进行监督检查。

工会、妇女组织依法对用人单位遵守本规定的情况进行监督。

第十三条 用人单位违反本规定第六条第二款、第七条、第九条第一款规定的，由县级以上人民政府人力资源社会保障行政部门责令限期改正，按照受侵害女职工每人 1000 元以上 5000 元以下的标准计算，处以罚款。

用人单位违反本规定附录第一条、第二条规定的，由县级以上人民政府安全生产监督管理部门责令限期改正，按照受侵害女职工每人 1000

元以上5000元以下的标准计算，处以罚款。用人单位违反本规定附录第三条、第四条规定的，由县级以上人民政府安全生产监督管理部门责令限期治理，处5万元以上30万元以下的罚款；情节严重的，责令停止有关作业，或者提请有关人民政府按照国务院规定的权限责令关闭。

第十四条 用人单位违反本规定，侵害女职工合法权益的，女职工可以依法投诉、举报、申诉，依法向劳动人事争议调解仲裁机构申请调解仲裁，对仲裁裁决不服的，依法向人民法院提起诉讼。

第十五条 用人单位违反本规定，侵害女职工合法权益，造成女职工损害的，依法给予赔偿；用人单位及其直接负责的主管人员和其他直接责任人员构成犯罪的，依法追究刑事责任。

第十六条 本规定自公布之日起施行。1988年7月21日国务院发布的《女职工劳动保护规定》同时废止。

附录：

女职工禁忌从事的劳动范围

一、女职工禁忌从事的劳动范围：

（一）矿山井下作业；

（二）体力劳动强度分级标准中规定的第四级体力劳动强度的作业；

（三）每小时负重6次以上、每次负重超过20公斤的作业，或者间断负重、每次负重超过25公斤的作业。

二、女职工在经期禁忌从事的劳动范围：

（一）冷水作业分级标准中规定的第二级、第三级、第四级冷水作业；

（二）低温作业分级标准中规定的第二级、第三级、第四级低温作业；

（三）体力劳动强度分级标准中规定的第三级、第四级体力劳动强度的作业；

（四）高处作业分级标准中规定的第三级、第四级高处作业。

三、女职工在孕期禁忌从事的劳动范围：

（一）作业场所空气中铅及其化合物、汞及其化合物、苯、镉、铍、砷、氰化物、氮氧化物、一氧化碳、二硫化碳、氯、己内酰胺、氯丁二烯、氯乙烯、环氧乙烷、苯胺、甲醛等有毒物质浓度超过国家职业卫生标准的作业；

（二）从事抗癌药物、己烯雌酚生产，接触麻醉剂气体等的作业；

（三）非密封源放射性物质的操作，核事故与放射事故的应急处置；

（四）高处作业分级标准中规定的高处作业；

（五）冷水作业分级标准中规定的冷水作业；

（六）低温作业分级标准中规定的低温作业；

（七）高温作业分级标准中规定的第三级、第四级的作业；

（八）噪声作业分级标准中规定的第三级、第四级的作业；

（九）体力劳动强度分级标准中规定的第三级、第四级体力劳动强度的作业；

（十）在密闭空间、高压室作业或者潜水作业，伴有强烈振动的作业，或者需要频繁弯腰、攀高、下蹲的作业。

四、女职工在哺乳期禁忌从事的劳动范围：

（一）孕期禁忌从事的劳动范围的第一项、第三项、第九项；

（二）作业场所空气中锰、氟、溴、甲醇、有机磷化合物、有机氯化合物等有毒物质浓度超过国家职业卫生标准的作业。

5. 最高人民法院关于办理人身安全保护令案件适用法律若干问题的规定

（2022年6月7日最高人民法院审判委员会第1870次会议通过　2022年7月14日最高人民法院公告公布　自2022年8月1日起施行　法释〔2022〕17号）

为正确办理人身安全保护令案件，及时保护家庭暴力受害人的合法权益，根据《中华人民共和国民法典》《中华人民共和国反家庭暴力法》《中华人民共和国民事诉讼法》等相关法律规定，结合审判实践，制定本规定。

第一条　当事人因遭受家庭暴力或者面临家庭暴力的现实危险，依照反家庭暴力法向人民法院申请人身安全保护令的，人民法院应当受理。

向人民法院申请人身安全保护令，不以提起离婚等民事诉讼为条件。

第二条　当事人因年老、残疾、重病等原因无法申请人身安全保护令，其近亲属、公安机关、民政部门、妇女联合会、居民委员会、村民委员会、残疾人联合会、依法设立的老年人组织、救助管理机构等，根据当事人意愿，依照反家庭暴力法第二十三条规定代为申请的，人民法院应当依法受理。

第三条　家庭成员之间以冻饿或者经常性侮辱、诽谤、威胁、跟踪、骚扰等方式实施的身体或者精神侵害行为，应当认定为反家庭暴力法第二条规定的“家庭暴力”。

第四条　反家庭暴力法第三十七条规定的“家庭成员以外共同生活的人”一般包括共同生活的儿媳、女婿、公婆、岳父母以及其他有监护、扶养、寄养等关系的人。

第五条 当事人及其代理人对因客观原因不能自行收集的证据，申请人民法院调查收集，符合《最高人民法院关于适用〈中华人民共和国民事诉讼法〉的解释》第九十四条第一款规定情形的，人民法院应当调查收集。

人民法院经审查，认为办理案件需要的证据符合《最高人民法院关于适用〈中华人民共和国民事诉讼法〉的解释》第九十六条规定的，应当调查收集。

第六条 人身安全保护令案件中，人民法院根据相关证据，认为申请人遭受家庭暴力或者面临家庭暴力现实危险的事实存在较大可能性的，可以依法作出人身安全保护令。

前款所称“相关证据”包括：

（一）当事人的陈述；

（二）公安机关出具的家庭暴力告诫书、行政处罚决定书；

（三）公安机关的出警记录、讯问笔录、询问笔录、接警记录、报警回执等；

（四）被申请人曾出具的悔过书或者保证书等；

（五）记录家庭暴力发生或者解决过程等的视听资料；

（六）被申请人与申请人或者其近亲属之间的电话录音、短信、即时通讯信息、电子邮件等；

（七）医疗机构的诊疗记录；

（八）申请人或者被申请人所在单位、民政部门、居民委员会、村民委员会、妇女联合会、残疾人联合会、未成年人保护组织、依法设立的老年人组织、救助管理机构、反家暴社会公益机构等单位收到投诉、反映或者求助的记录；

（九）未成年子女提供的与其年龄、智力相适应的证言或者亲友、邻居等其他证人证言；

（十）伤情鉴定意见；

（十一）其他能够证明申请人遭受家庭暴力或者面临家庭暴力现实危险的证据。

第七条 人民法院可以通过在线诉讼平台、电话、短信、即时通讯工具、电子邮件等简便方式询问被申请人。被申请人未发表意见的，不影响人民法院依法作出人身安全保护令。

第八条 被申请人认可存在家庭暴力行为，但辩称申请人有过错的，不影响人民法院依法作出人身安全保护令。

第九条 离婚等案件中，当事人仅以人民法院曾作出人身安全保护令为由，主张存在家庭暴力事实的，人民法院应当根据《最高人民法院关于适用〈中华人民共和国民事诉讼法〉的解释》第一百零八条的规定，综合认定是否存在该事实。

第十条 反家庭暴力法第二十九条第四项规定的“保护申请人人身安全的其他措施”可以包括下列措施：

（一）禁止被申请人以电话、短信、即时通讯工具、电子邮件等方式侮辱、诽谤、威胁申请人及其相关近亲属；

（二）禁止被申请人在申请人及其相关近亲属的住所、学校、工作单位等经常出入场所的一定范围内从事可能影响申请人及其相关近亲属正常生活、学习、工作的活动。

第十一条 离婚案件中，判决不准离婚或者调解和好后，被申请人违反人身安全保护令实施家庭暴力的，可以认定为民事诉讼法第一百二十七条第七项规定的“新情况、新理由”。

第十二条 被申请人违反人身安全保护令，符合《中华人民共和国刑法》第三百一十三条规定的，以拒不执行判决、裁定罪定罪处罚；同时构成其他犯罪的，依照刑法有关规定处理。

第十三条 本规定自 2022 年 8 月 1 日起施行。

附录二　常用文书范本[①]

1. 民事起诉状

（公民提起民事诉讼用）

民事起诉状

原告：×××，男/女，××××年××月××日生，×族，……（写明工作单位和职务或职业），住……。联系方式：……。

法定代理人/指定代理人：×××，……。

委托诉讼代理人：×××，……。

被告：×××，……。

……

（以上写明当事人和其他诉讼参加人的姓名或者名称等基本信息）

诉讼请求：

……

事实和理由：

……

证据和证据来源，证人姓名和住所：

……

此致

××××人民法院

附：本起诉状副本×份

起诉人（签名）

××××年××月××日

① 文书均选自法律应用研究中心编：《最高人民法院民事诉讼文书样式：制作规范与法律依据（律师与当事人卷）》，中国法制出版社 2021 年版。

【说 明】

1. 本样式根据《中华人民共和国民事诉讼法》第一百二十条第一款、第一百二十一条制定，供公民提起民事诉讼用。

2. 起诉应当向人民法院递交起诉状，并按照被告人数提出副本。

3. 原告应当写明姓名、性别、出生日期、民族、职业、工作单位、住所、联系方式。原告是无民事行为能力或者限制民事行为能力人的，应当写明法定代理人姓名、性别、出生日期、民族、职业、工作单位、住所、联系方式，在诉讼地位后括注与原告的关系。

4. 起诉时已经委托诉讼代理人的，应当写明委托诉讼代理人基本信息。

5. 被告是自然人的，应当写明姓名、性别、工作单位、住所等信息；被告是法人或者其他组织的，应当写明名称、住所等信息。

6. 原告在起诉状中直接列写第三人的，视为其申请人民法院追加该第三人参加诉讼。是否通知第三人参加诉讼，由人民法院审查决定。

7. 起诉状应当由本人签名。

【法律依据】

《中华人民共和国民事诉讼法》（2017 年 6 月 27 日）

第一百二十条第一款 起诉应当向人民法院递交起诉状，并按照被告人数提出副本。

第一百二十一条 起诉状应当记明下列事项：

（一）原告的姓名、性别、年龄、民族、职业、工作单位、住所、联系方式，法人或者其他组织的名称、住所和法定代表人或者主要负责人的姓名、职务、联系方式；

（二）被告的姓名、性别、工作单位、住所等信息，法人或者其他组织的名称、住所等信息；

（三）诉讼请求和所根据的事实与理由；

（四）证据和证据来源，证人姓名和住所。

2. **民事答辩状**（公民对民事起诉提出答辩用）

民事答辩状

答辩人：×××，男/女，××××年××月××日生，×族，……（写明工作单位和职务或职业），住……。联系方式：……。

法定代理人/指定代理人：×××，……。

委托诉讼代理人：×××，……。

（以上写明答辩人和其他诉讼参加人的姓名或者名称等基本信息）

对××××人民法院（××××）……民初……号……（写明当事人和案由）一案的起诉，答辩如下：

……（写明答辩意见）。

证据和证据来源，证人姓名和住所：

……

此致

××××人民法院

附：本答辩状副本×份

答辩人（签名）

××××年××月××日

【说　明】

1. 本样式根据《中华人民共和国民事诉讼法》第一百二十五条制定，供公民对民事起诉提出答辩用。

2. 被告应当在收到起诉状副本之日起十五日内提出答辩状。被告在中华人民共和国领域内没有住所的，应当在收到起诉状副本后三十日内提出答辩状。被告申请延期答辩的，是否准许，由人民法院决定。

3. 答辩状应当记明被告的姓名、性别、出生日期、民族、工作单位、职业、住所、联系方式。

4. 答辩时已经委托诉讼代理人的，应当写明委托诉讼代理人基本信息。

5. 答辩状应当由本人签名。

【法律依据】

《中华人民共和国民事诉讼法》（2017 年 6 月 27 日）

第一百二十五条　人民法院应当在立案之日起五日内将起诉状副本发送被告，被告应当在收到之日起十五日内提出答辩状。答辩状应当记明被告的姓名、性别、年龄、民族、职业、工作单位、住所、联系方式；法人或者其他组织的名称、住所和法定代表人或者主要负责人的姓名、职务、联系方式。人民法院应当在收到答辩状之日起五日内将答辩状副本发送原告。

被告不提出答辩状的，不影响人民法院审理。

3. 民事上诉状

（当事人提起上诉用）

民事上诉状

上诉人（原审诉讼地位）：×××，男/女，××××年××月××日出生，×族，……（写明工作单位和职务或者职业），住……。联系方式：……。

法定代理人/指定代理人：×××，……。

委托诉讼代理人：×××，……。

被上诉人（原审诉讼地位）×××，……。

……

（以上写明当事人和其他诉讼参加人的姓名或者名称等基本信息）

×××因与×××……（写明案由）一案，不服××××人民法院××××年××月××日作出的（××××）……号民事判决/裁定，现提起上诉。

上诉请求：

……

上诉理由：

……

此致

××××人民法院

附：本上诉状副本×份

上诉人（签名或者盖章）

××××年××月××日

【说　明】

1. 本样式根据《中华人民共和国民事诉讼法》第一百六十四条、第一百六十五条、第一百六十六条、第二百六十九条制定，供不服第一审人民法院民事判决或者裁定的当事人，向上一级人民法院提起上诉用。

2. 当事人是法人或者其他组织的，写明名称住所。另起一行写明法定代表人、主要负责人及其姓名、职务、联系方式。

3. 当事人不服地方人民法院第一审判决的，有权在判决书送达之日起十五日内向上一级人民法院提起上诉。当事人不服地方人民法院第一审裁定的，有权在裁定书送达之日起十日内向上一级人民法院提起上诉。在中华人民共和国领域内没有住所的当事人，不服第一审人民法院判决、裁定的，有权在判决书、裁定书送达之日起三十日内提起上诉。

4. 上诉状的内容，应当包括当事人的姓名，法人的名称及其法定代表人的姓名或者其他组织的名称及其主要负责人的姓名；原审人民法院名称、案件的编号和案由；上诉的请求和理由。

5. 上诉状应当通过原审人民法院提出，并按照对方当事人或者代表人的人数提出副本。

6. 有新证据的，应当在上诉理由之后写明证据和证据来源，证人姓名和住所。

【法律依据】

《中华人民共和国民事诉讼法》（2017年6月27日）

第一百六十四条　当事人不服地方人民法院第一审判决的，有权在判决书送达之日起十五日内向上一级人民法院提起上诉。

当事人不服地方人民法院第一审裁定的，有权在裁定书送达之日起十日内向上一级人民法院提起上诉。

第一百六十五条　上诉应当递交上诉状。上诉状的内容，应当包括当事人的姓名，法人的名称及其法定代表人的姓名或者其他组织的名称及其主要负责人的姓名；原审人民法院名称、案件的编号和案由；上诉的请求和理由。

第一百六十六条 上诉状应当通过原审人民法院提出，并按照对方当事人或者代表人的人数提出副本。

当事人直接向第二审人民法院上诉的，第二审人民法院应当在五日内将上诉状移交原审人民法院。

第二百六十九条 在中华人民共和国领域内没有住所的当事人，不服第一审人民法院判决、裁定的，有权在判决书、裁定书送达之日起三十日内提起上诉。被上诉人在收到上诉状副本后，应当在三十日内提出答辩状。当事人不能在法定期间提起上诉或者提出答辩状，申请延期的，是否准许，由人民法院决定。

4. 申请书
（申请人身安全保护令用）

申请书

申请人：×××，男/女，××××年××月××日出生，×族，……（写明工作单位和职务或者职业），住……。联系方式：……。

法定代理人/指定代理人：×××，……。

委托诉讼代理人：×××，……。

被申请人：×××，……。

……

（以上写明当事人和其他诉讼参加人的姓名或者名称等基本信息）

请求事项：

……（写明保护申请人人身安全的措施）。

事实和理由：

……（写明有遭受家庭暴力或者面临家庭暴力现实危险的情形以及其他事实和理由）。

此致

××××人民法院

申请人（签名或者盖章）

××××年××月××日

【说　明】

1. 本样式根据《中华人民共和国反家庭暴力法》第二十三条、第二十四条、第二十五条、第二十七条制定，供当事人或者其近亲属、相关单位向申请人或者被申请人居住地、家庭暴力发生地的基层人民法院申请人身安全保护令用。

2. 当事人因遭受家庭暴力或者面临家庭暴力的现实危险，可以向人民法院申请人身安全保护令。当事人是无民事行为能力人、限制民事行为能力人，或者因受到强制、威吓等原因无法申请人身安全保护令的，其近亲属、公安机关、妇女联合会、居民委员会、村民委员会、救助管理机构可以代为申请。

3. 申请人身安全保护令应当以书面方式提出；书面申请确有困难的，可以口头申请，由人民法院记入笔录。

4. 本申请书的请求事项可以写明以下人身安全保护令措施：（一）禁止被申请人实施家庭暴力；（二）禁止被申请人骚扰、跟踪、接触申请人和其相关近亲属；（三）责令被申请人迁出申请人住所；（四）保护申请人人身安全的其他措施。

【法律依据】

《中华人民共和国反家庭暴力法》（2015 年 12 月 27 日）

第二十三条　当事人因遭受家庭暴力或者面临家庭暴力的现实危险，向人民法院申请人身安全保护令的，人民法院应当受理。

当事人是无民事行为能力人、限制民事行为能力人，或者因受到强制、威吓等原因无法申请人身安全保护令的，其近亲属、公安机关、妇女联合会、居民委员会、村民委员会、救助管理机构可以代为申请。

第二十四条　申请人身安全保护令应当以书面方式提出；书面申请确有困难的，可以口头申请，由人民法院记入笔录。

第二十五条　人身安全保护令案件由申请人或者被申请人居住地、家庭暴力发生地的基层人民法院管辖。

第二十七条　作出人身安全保护令，应当具备下列条件：

（一）有明确的被申请人；
（二）有具体的请求；
（三）有遭受家庭暴力或者面临家庭暴力现实危险的情形。

5. 复议申请书
（申请人对驳回人身安全保护令申请复议用）

复议申请书

复议申请人：×××，男/女，××××年××月××日出生，×族，……（写明工作单位和职务或者职业），住……。联系方式：……。

法定代理人/指定代理人：×××，……。

委托诉讼代理人：×××，……。

被申请人：×××，……。

……

（以上写明当事人和其他诉讼参加人的姓名或者名称等基本信息）

请求事项：

1. 撤销你院（××××）……民保令……号驳回申请民事裁定；

2. ……（写明保护申请人人身安全的措施）。

事实和理由：

复议申请人×××与被申请人×××申请人身安全保护令一案，不服你院××××年××月××日作出（××××）……民保令……号驳回申请裁定，申请复议。

……（写明申请复议的事实和理由）。

此致

××××人民法院

附：××××人民法院（××××）……民保令……号民事裁定书

复议申请人（签名或者盖章）

××××年××月××日

【说　明】

1. 本样式根据《中华人民共和国反家庭暴力法》第三十一条制定，供对驳回人身安全保护令申请的裁定不服的申请人，向作出裁定的人民法院申请复议用。

2. 申请人对驳回人身安全保护令申请不服的，可以自裁定生效之日起五日内向作出裁定的人民法院申请复议一次。

3. 本申请书的请求事项应当写明撤销驳回申请的原裁定，并写明申请采取以下人身安全保护令措施：（一）禁止被申请人实施家庭暴力；（二）禁止被申请人骚扰、跟踪、接触申请人和其相关近亲属；（三）责令被申请人迁出申请人住所；（四）保护申请人人身安全的其他措施。

【法律依据】

《中华人民共和国反家庭暴力法》（2015 年 12 月 27 日）

第三十一条　申请人对驳回申请不服或者被申请人对人身安全保护令不服的，可以自裁定生效之日起五日内向作出裁定的人民法院申请复议一次。人民法院依法作出人身安全保护令的，复议期间不停止人身安全保护令的执行。

6. 申请书

（申请撤销/变更/延长人身安全保护令用）

申请书

申请人：×××，男/女，××××年××月××日出生，×族，……（写明工作单位和职务或者职业），住……。联系方式：……。

法定代理人/指定代理人：×××，……。

委托诉讼代理人：×××，……。

被申请人：×××，……。

……

（以上写明当事人和其他诉讼参加人的姓名或者名称等基本信息）

请求事项：

（请求撤销的，写明：）

撤销你院（××××）……民保令……号人身安全保护令民事裁定。

（请求变更的，写明：）

1. 撤销你院（××××）……民保令……号人身安全保护令民事裁定第×项；

2. ……（写明变更的人身安全保护令的措施）。

（请求延长的，写明延长人身安全保护令的措施和期限：）

延长……×个月。

事实和理由：

申请人×××与被申请人×××申请人身安全保护令一案，你院于××××年××月××日作出（××××）……民保令……号人身安全保护令裁定：……（写明裁定结果）。

……（写明申请人主张撤销/变更/延长的事实和理由）。

此致

××××人民法院

附：××××人民法院（××××）……民保令……号民事裁定书

申请人（签名或者盖章）
××××年××月××日

【说　明】

1. 本样式根据《中华人民共和国反家庭暴力法》第三十条制定，供申请人在人身安全保护令失效前，向作出人身安全保护令裁定的人民法院申请撤销、变更或者延长用。

2. 人身安全保护令的有效期不超过六个月，自作出之日起生效。人身安全保护令失效前，申请人可以申请撤销、变更或者延长。

【法律依据】

《中华人民共和国反家庭暴力法》（2015年12月27日）

第三十条　人身安全保护令的有效期不超过六个月，自作出之日起生效。人身安全保护令失效前，人民法院可以根据申请人的申请撤销、变更或者延长。